AF345344

Georges Lahy

Les Mondes de la Kabbale

Sagesse et Cosmologie mystique

Admata

© 2024 Admata
www.lahy.fr

Tous droits de reproduction et de traduction réservés pour tous pays.

Table des matières

INTRODUCTION

La découverte des Mondes kabbalistiques est bien plus qu'un voyage fascinant à travers les dimensions les plus profondes et mystérieuses de la spiritualité ésotérique juive ; elle représente une invitation à embrasser le voyage de l'âme vers l'illumination et la compréhension divine. Ce périple à travers les enseignements kabbalistiques ne se limite pas à délimiter les contours d'une tradition ancestrale ; il sert de guide au chercheur à travers l'univers complexe et richement tissé de la Kabbale. Ici, chaque concept, chaque monde et chaque *sefirah* s'ouvre comme une porte vers d'immenses vérités spirituelles, invitant à une réflexion profonde et à une transformation personnelle.

Au cœur de cette exploration, les dix *sefiroth* et les Quatre Mondes ne sont pas simplement les fondations de la cosmologie kabbalistique ; ils incarnent les étapes d'une quête éternelle vers l'Unité divine. Ces structures dynamiques servent de ponts entre le fini et l'Infini, l'humain et le Divin, la création et son Créateur, révélant la nature interconnectée de tout ce qui existe. Chaque monde spirituel exploré – *Atsilouth, Briah, Yetsirah,* et *Âssiah* – dévoile une perspective unique sur l'interaction divine, illustrant la manière dont l'Infinie Lumière se manifeste, se contracte et évolue à travers les différents niveaux de réalité.

Le Monde *d'Atsilouth*, étant le plus proche de *l'Éin-Sof,* l'Infini, est le sommet de l'aspiration mystique. C'est un domaine où la Pensée et l'Amour divins rayonnent dans leur forme la plus pure, un espace où la contemplation et l'union mystique deviennent des expériences concrètes, accessibles par une dévotion profonde et une élévation spirituelle intense.

Briah, le monde de la Création, marque le commencement de la diversité à partir de l'unité, où la Volonté divine se matérialise en formes distinctes, préservant toutefois un lien indissoluble avec son origine. Cette transition de l'unité vers la multiplicité reflète la richesse et la complexité de l'expression divine.

Yetsirah, le monde de la Formation, plonge le chercheur dans la dualité existentielle, où le bien et le mal, la lumière et l'obscurité, coexistent dans une tension qui définit la condition humaine. C'est le théâtre d'une lutte intérieure, où l'âme est appelée à naviguer entre ses inclinations, cherchant l'équilibre et la maîtrise de soi.

Âssiah, le monde le plus tangible, éclaire le concept de Tiqoun, la réparation et la sanctification du monde. Ici, chaque geste, chaque parole, et chaque pensée sont envisagés comme des moyens de restaurer l'harmonie originelle, invitant à une vie de responsabilité et d'engagement spirituel.

Cette exploration dévoile non seulement la Nature divine et notre propre essence, mais aussi la manière dont la Lumière divine se fragmente et comment la *Shekhinah*, Présence divine, vit en exil, aspirant à être réunie à sa source. Les réflexions sur *Ôlam haÂqoudim* et *Ôlam haNeqoudim*, ainsi que sur les processus de création, de chute et de réparation, offrent un aperçu de la complexité de l'Œuvre divine et de notre rôle dans le tissu de l'existence.

En révélant la dimension mystique des sens et en tissant une connexion profonde entre *Ôlam haZéh* et *Ôlam haBa*, le chercheur mystique est invité à transcender l'étude académique pour une expérience vivante de la spiritualité. La connaissance se métamorphose en Sagesse, et la lecture devient un catalyseur de transformation personnelle et universelle, marquant le début d'un voyage sans fin vers la lumière, la vérité et l'unité ultime.

Au sein du vaste panorama qu'offre la Kabbale, la structure des mondes spirituels sert de trame commune à diverses mouvances kabbalistiques, chacune développant cette cosmologie selon ses objectifs spécifiques, qu'ils soient religieux, théosophiques, théurgiques, mystiques ou contemplatifs. Cette diversité reflète la richesse et la profondeur de la tradition kabbalistique, où chaque école interprète les enseignements à travers le prisme de ses aspirations et de sa quête spirituelle particulière.

La manière dont ces mondes sont approchés et compris dépend grandement de la sensibilité individuelle, des croyances personnelles et de l'objectif poursuivi dans le voyage spirituel. Certains peuvent se sentir attirés par l'aspect théurgique de la Kabbale, cherchant à influencer les sphères divines à travers des rites et des invocations, tandis que d'autres peuvent privilégier une approche plus contemplative, méditant sur les aspects mystiques et les symboles pour atteindre la *Dveqouth*, une union intime avec le Divin.

Cette pluralité d'approches souligne que la Kabbale, loin d'être monolithique, est un champ fertile pour l'exploration spirituelle, offrant un vaste éventail de chemins à ceux qui cherchent à s'engager dans la voie mystique. Que l'on soit guidé par un désir de connaissance théosophique, par la quête d'expériences mystiques ou par l'aspiration à la réparation du monde (*Tiqoun Ôlam*), les enseignements kabbalistiques invitent à une exploration personnelle et profonde, adaptée à l'unique parcours de chaque âme.

Ainsi, les Mondes de la Kabbale ne sont pas seulement des étapes fixes dans un itinéraire spirituel prédéfini, mais des espaces vibrants et dynamiques, ouverts à l'interprétation et à l'expérience individuelle. Cette flexibilité permet à chaque chercheur de tisser son propre chemin à travers la complexité de la spiritualité ésotérique juive, enrichissant son voyage avec les découvertes et les révélations qui résonnent le plus profondément avec son cœur et son esprit.

CHAPITRE I

LES MONDES KABBALISTIQUES

Le *shefâ*, ou flux divin, dans l'émanation des dix *sefiroth*, suit un processus naturel qui, paradoxalement, est à la fois un ralentissement et une accélération de la lumière émanant de l'*Éin-Sof*, l'infini. Ce phénomène est capturé dans le concept de « *Belimah* » [בְּלִימָה], qui signifie un freinage, un « *baloum* ». Par cette action, la lumière semble ralentir, mais en réalité, elle stresse et s'accélère en profondeur. Les kabbalistes nomment cette lumière *Or belimah* [אוֹר בְּלִימָה], et sa *guimatria*, 294, évoque l'apparition de la couleur pourpre, *argaman* [אַרְגָּמָן].

C'est une expérience similaire à celle d'un conducteur de véhicule, ou d'une *merkavah*, confronté à un obstacle soudain. Le freinage brutal arrête la voiture dans son élan – elle stoppe net ou ralentit progressivement. Mais à l'intérieur, une tempête émotionnelle saisit les occupants et le conducteur. Alors que la voiture ralentit, les cœurs, eux, s'accélèrent. Il se produit alors une dissociation entre temps et espace : le temps du véhicule s'étire, tandis que celui des occupants se contracte.

PILE ET FACE

Pour illustrer ces deux états spatio-temporels, le *Séfér haZohar* évoque *Arik Anpin* [אֲרִיךְ אַנְפִּין], la « *Face spacieuse* », symbolisant la sérénité avant le freinage, et *Zêir Anpin* [זְעֵיר אַנְפִּין], la « Face réduite », incarnant le stress après le freinage. *Arik Anpin* représente l'unification, sa Face est paisible, sans ride ni expression marquée. En revanche, le stress de *Zêir Anpin* fragmente cette unité, créant un visage ridé et changeant, reflétant diverses émotions, du calme à la frayeur.

Cette transformation est intimement liée à la *guimatria* d'*Or belimah* [אוֹר בְּלִימָה], qui altère la clarté de la Lumière primordiale en *argaman* [אַרְגְּמָן], la couleur pourpre. Le mot *argaman* révèle lui-même plusieurs « visages » à travers ses initiales : *Aléf* pour *Oriel*, *réish* pour *Rafaël*, *guimel* pour *Gabriel* et *mém* pour *Mikaël*. Le *Noun* final représente la constance, gardant la mémoire de la Face sereine au cœur du stress. C'est la flamme éternelle, *nour*, d'où vient le Nom *Nouriel*, essence des faces. Par la suite, on peut associer cette constance, symbolisée par la ligne du *Noun*, au *qav hapnimi* [קַו הַפְּנִימִי], la « ligne intérieure » qui traverse les dix *Sefiroth*, représentant ainsi « quatre faces plus une ».

Une personne sereine surprise, module successivement et instinctivement quatre faces élémentaires, « *à la ressemblance* » des quatre visages décrits par le prophète Ézéchiel : Humain, Aigle, Lion, Taureau. Pour se ressaisir et revenir à elle-même, elle devra recouvrer la mémoire de la Face perpétuelle de *Nouriel*. La surprise et son stress, éveillent un questionnement sur soi, à la suite de cet éclatement multi facial. C'est ce qui arrive à Œdipe sur la route de Thèbes face au Sphynx qui réunit en lui l'humain, l'aigle, le lion et le taureau. Il questionne Œdipe sur lui-même avec cette fameuse énigme : « *Quel être, pourvu d'une seule voix, a d'abord quatre jambes le matin, puis deux jambes à midi, et trois jambes le soir ? »*.

Face à une surprise, une personne sereine passe instinctivement par quatre états, « *à la ressemblance* » des quatre visages décrits par le prophète Ézéchiel : Humain, Aigle, Lion, Taureau. Pour retrouver son calme intérieur, elle doit se remémorer la 'Face perpétuelle de *Nouriel*'. Cette surprise et le stress qui en résultent suscitent une introspection, un éclatement en diverses 'faces' de soi. Cette situation est similaire à celle d'Œdipe confronté au Sphynx, une créature combinant l'humain, l'aigle, le lion et le taureau. Le Sphynx interpelle Œdipe sur sa propre nature, avec l'énigme célèbre : « *Quel être, doté d'une seule voix, possède quatre jambes le matin, deux à midi, et trois le soir ? »*

Cette énigme, tout comme la surprise et le stress vécus par l'individu, invite à une réflexion sur soi-même, à la découverte de ses multiples 'faces'. Dans la tradition kabbalistique, le rappel de la 'Face perpétuelle de *Nouriel*' symbolise le retour à une unité intérieure, un point d'ancrage dans la diversité et la complexité de l'existence

L'EXPANSION DE LA SOURCE DE VIE

Dans la vision prophétique d'Ézéchiel, les quatre faces représentent les *ħayoth*, ou forces vitales fondamentales. Ces forces sont le reflet des quatre bras émanant de l'Eden, et des *yessodoth*, les quatre éléments fondamentaux. Les kabbalistes les associent aux quatre Mondes, qui correspondent aux quatre lettres saintes du Nom de l'Être divin.

Ces Mondes, ils les entrevoient même dans les premières lignes du *Livre de la Genèse*. Chaque mot, chaque lettre de cette introduction, est interprétée comme une clé pour comprendre ces dimensions universelles et divines. Ainsi, le récit de la Création n'est pas seulement l'histoire des origines du monde physique, mais aussi une carte pour naviguer dans ces Mondes spirituels, révélant la structure profonde de l'univers et la nature même de l'existence :

> Le mot « *Beréshith* » suggère, par l'intermédiaire des Sages, qu'ils soient bénis,[1] que *Yhwh* a créé Quatre Mondes et qu'il leur a attribué les noms *d'Atsilouth* (Émanation), de *Briah* (Création), de *Yétsirah* (Formation) et *d'Âssiah* (Action). Ils sont évoqués dans le verset : « *Tout ce qui est appelé par Mon nom et que J'ai créé pour Mon honneur (kavod), Je l'ai créé (briah), formé (yétsirah) et fait (âssiah)*[2] ». Et c'est ce qui est suggéré ici quand il est dit : « *Au commencement* » (*Beréshith*) est le Monde du *Kavod* qui est *l'Atsilouth* et qui est appelé *Réshith lek'ol* [רֵאשִׁית לְכָל], « commencement de tout ». « *Créé* » (*Bara*) est le monde de la *Briah*. « *Élohim* » fait allusion au Monde de *Yétsirah*, puisqu'il y a là des jugements. « *Éth hashamayim veéth haaréts* » (les cieux et la terre) est le monde *d'Âssiah*, puisque ce sont les cieux et la terre, comme il est dit dans leurs paroles agréables - Or HaḤaïm sur Beréshith 1:1, Ḥaïm ibn Attar.

Selon l'enseignement lourianique, bien que le principe des Mondes repose sur le nombre quatre, leur complexe imbrication et intrication suggèrent l'existence de bien plus. Il existe, dit-on, Quatre Mondes accessibles à la conscience humaine, mais cela n'exclut pas l'éventualité d'autres mondes au-delà de notre portée. Chacun de ces Mondes est représenté par une lettre du Tétragramme *Yhwh* : *Yod* pour *Atsilouth*, le monde de l'Émanation ; *Hé* pour *Briah*, le monde de la Création ; *Vav*

---

[1] Zohar 1:155a.
[2] Isaïe 43:7.

pour *Yétsirah*, le monde de la Formation ; et le second *Hé* pour *Âssiah*, le monde de l'Action.

Cependant, tout comme chaque lettre du Nom divin peut se déployer en multiples dimensions, il en est de même pour les Mondes et les âmes qui les habitent. La mystique juive enseigne que la communauté originelle des âmes se compose de 600 000 étincelles primordiales, formant la Source de Vie pour tous les Mondes. Ces étincelles sont les racines des âmes, et chaque racine se subdivise en 600 000 étincelles supplémentaires, chacune représentant une *neshamah*, ou âme divine. De même, les concepts de *néfésh* (âme vivante) et *rouaħ* (esprit) se manifestent diversement dans chacun des Quatre Mondes.

L'ÉTENDUE DES MONDES

Les maîtres de la Kabbale interprètent le mot *yam* [יָם], signifiant « mer », comme une allusion puissante aux dix *sefiroth* et aux quatre mondes. Dans *yam*, ils voient le déploiement d'une immense étendue, semblable à la vaste expanse des eaux. Ce concept de déploiement est parallèle à celui de la lumière du « jour » (*yom*) et des « eaux » (*mayim*). Dans cette perspective, *yam* représente un point (le yod de *yam*) qui se déploie en une étendue infinie.

Ce déploiement symbolise également l'action de la *Rouaħ Élohim*, l'Esprit divin, qui planait sur les Faces des eaux lors de la Création. Selon cette interprétation, la *Rouaħ Élohim* s'étend sur les Dix *Sefiroth*, et les Quatre Mondes, reflétant les différents niveaux d'existence. Ainsi, *yam* devient une métaphore de l'expansion divine et de la manifestation de la Lumière spirituelle à travers l'univers.

Commentant un passage du *Talmud Bava Batra* (74a), où il est dit : « *Moi, créature légère dans la mer (Ana briah qalah shébayam), je mesure trois cents parasanges de long, et je vais dans la bouche du Léviathan »*, Naḥman de Bratslav dit :

> *Moi, créature légère dans la mer* [אֲנָא בְּרִיָה קַלָּה שֶׁבַּיָם] – C'est-à-dire que je suis au-dessus des quatre mondes.

> *Yam* (Mer) – Le *mém* [valeur 40] fait allusion aux Quatre Mondes, car il y a dix (*yod*) Émanations divines dans chaque Monde. Le *yod* est synonyme de la *Ḥokhmah* qui se répand dans chacun des quatre mondes, comme il est écrit : « *Tu les as tous faits avec Ḥokhmah[3]* ». Et ceci est : « *La créature légère dans Yam (Mer)* » - De même qu'une chose légère flotte au-dessus, de même la *neshamah* qui est le « bon » (*tov*) est au-dessus de tous les Mondes –[4].

LA LIGNE DE LA PERMANENCE

Dans la littérature prophétique, et en particulier dans la vision d'Ézéchiel, les Quatre Mondes de la Kabbale sont souvent évoqués à travers des symboles célestes. Pour *Âssiah*, le Monde le plus proche de notre réalité physique, ce sont les *Ofanim* ou « Roues », symboles de mouvement et de manifestation. Dans *Yétsirah*, le Monde de la Formation et de l'évolution, nous trouvons les *Ḥayoth* ou « Vitalités », représentant les forces vitales dynamiques.

Dans *Briah*, le Monde de la Création, se trouve le *Kissé Kevodo*, le « Trône de Sa Gloire », symbolisant la Majesté et l'Autorité divine. Enfin, pour *Atsilouth*, le Monde le plus élevé de l'Émanation pure, on parle de *Atsilouth qedosho*, « l'Émanation de Sa Sainteté »,

---

[3] Psaumes 104:24.
[4] Likkouté Moharan 17:8.

représentant l'essence divine dans sa forme la plus sublimée.

Ces symboles célestes, mis en avant dans la vision d'Ézéchiel, offrent une clé pour décrypter les mystères des Quatre Mondes de la Kabbale. Ils révèlent une interprétation profonde de la manière dont les réalités spirituelles et divines se manifestent à différents niveaux d'existence. Ces symboles ne sont pas de simples métaphores ; ils sont des portails vers une prise de conscience des dimensions spirituelles, et comment ces dimensions sont perçues et interprétées par les prophètes.

À travers ces symboles, les prophètes comme Ézéchiel nous font parvenir une vision claire des réalités célestes, offrant ainsi une compréhension enrichie des interactions entre le divin et le monde matériel. Ces visions illustrent que chaque niveau de réalité spirituelle possède ses propres caractéristiques et opère selon des principes qui lui sont propres, mettant en lumière la complexité et la diversité de l'univers créé.

Ces enseignements prophétiques, loin d'être de simples contes ou allégories, sont fondamentaux pour comprendre la structure et la dynamique des Mondes spirituels. Ils constituent une boussole pour ceux qui cherchent à comprendre les profondeurs de leur propre existence spirituelle. En révélant comment le divin interagit avec le monde matériel et comment chaque plan de réalité spirituelle fonctionne, ils nous offrent des clés pour mieux appréhender et naviguer dans notre propre parcours spirituel, enrichissant notre quête de sens et d'éveil.

À l'instar des quatre Princes de la Face de l'*Argaman*, plus un, les Quatre Mondes de la Kabbale sont traversés par une ligne perpétuelle, une *qav*, qui alimente leurs réceptacles spirituels. Cette ligne représente l'empreinte laissée par le stress de la lumière, une conséquence du *Belimah*. On peut imaginer que chaque stress subi par une personne laisse une marque intérieure, une ligne qui, à son tour, forme un réceptacle destiné à accueillir l'expérience de stress futur similaire.

Cependant, il arrive que ces réceptacles ne soient pas assez robustes pour contenir le stress, un phénomène que les kabbalistes nomment *Shvirath hakélim* [שְׁבִּירַת הַכֵּלִים], ou « Brisure des réceptacles (vases) ». Cette brisure, loin d'être une simple faiblesse, est vue comme un élément essentiel du processus évolutif de l'âme. Chaque brisure, chaque source d'impureté, existe non pas pour nous affaiblir, mais pour stimuler notre croissance et notre développement spirituels. Ainsi, la « ligne » devient une « empreinte » (*roshém*) de nos expériences, un guide nous préparant à affronter les défis futurs. Pour le kabbaliste, ces ruptures et ces défis ne sont pas des obstacles, mais des opportunités pour une transformation profonde et une élévation spirituelle.

Si nous n'avions pas en nous ces désirs pollués, il n'y aurait rien à réparer, « *car tu ne peux pas réparer ce qui n'existe pas en toi* »[5].

Dans une situation de stress intense, voire de frayeur, la réaction d'une personne dépend en grande partie de son expérience passée. Si elle possède une empreinte, une expérience préalable, cela lui permettra de faire face et de se reprendre rapidement. Cette réaction crée *ex nihilo* une nouvelle dimension en soi, fortifiant ainsi sa quête du Monde-à-Venir. Cette nouvelle dimension représente une évolution intérieure, une force supplémentaire acquise grâce à l'adversité.

En revanche, si les expériences passées ont laissé des empreintes de traumatismes profonds sans renforcer

---

[5] – Baâl HaSoulam Introduction au Zohar 29.

les réceptacles spirituels, alors ces derniers peuvent se briser sous le poids d'un nouvel événement stressant. La personne perd alors sa « face », c'est-à-dire sa capacité à maintenir son intégrité spirituelle et émotionnelle face à l'adversité.

Ces brisures, traumatisantes et déstabilisantes, sont au cœur du processus de *Tiqoun*. Ce processus vise à réparer et à renforcer les empreintes laissées par les expériences passées. Il s'agit d'une tâche essentielle pour le développement spirituel, où chaque épreuve et chaque brisure sont vues comme des occasions de grandir, de se transformer et de se préparer pour le Monde-à-Venir. Ce Monde-à-Venir, dans la pensée kabbalistique, représente un état d'existence où l'âme a atteint sa pleine réalisation et son harmonie avec le divin.

> De même, que le rayonnement de la Lumière d'*Éin-Sof* (*méor Éin-Sof* [מְאוֹר־אֵין־סוֹף]) encercle et englobe les Quatre Mondes – *Atsilouth, Briah, Yétsirah et Âssiah* – de même la lueur de la « ligne intérieure » (*qav hapnimi*) [קַו הַפְּנִימִי] passe par les « réceptacles » (*kélim*) des dix *sefiroth* de *Briah, Yétsirah et Âssiah*. Par son rayonnement au sein des *kélim*, elle leur confère le pouvoir et la force de créer *ex nihilo* (*yésh méayin*)[6].

La « ligne intérieure » est le lien qui unit les Dix *Sefiroth* et leurs Quatre Mondes, elle permet à chaque Monde de contenir graduellement les autres. Selon l'enseignement d'Isaac Louria[7] :

> Dans les dix *sefiroth* d'*Âssiah* se trouvent les dix *sefiroth* de *Yétsirah*, et dans celles-ci les dix *sefiroth* de *Briah*, et dans celles-ci les dix sefiroth *d'Atsilouth*, dans lesquelles demeure la lumière *d'Éin-Sof*. Ainsi,

---

[6] Tanya, Partie IV, Iguérét HaQodésh 20, Shneour Zalman de Liadi.
[7] Êts Hayim, Porte 43.

la lumière *d'Éin-Sof* pénètre le monde inférieur en étant revêtue des dix *sefiroth* des Quatre Mondes[8]. »

L'ABYÂ

Dans la littérature kabbalistique, les Quatre Mondes sont désignés par l'acronyme *ABYÂ* [אֲבִי"עַ], pour *Atsilouth*, **Briah** , **Yétsirah**, **Âssiah**. Ils réunissent en eux deux aspects, de pureté et d'impureté

> Afin de corriger (*tiqoun*) cette séparation qui touche les réceptacles des âmes, *HaShém* a créé deux systèmes, comme il est écrit : « *Élohim a fait aussi celui-ci juxtaposé à celui-là[9]* ». Le premier système, ce sont les Quatre Mondes de la sainteté, le second correspond aux Quatre Mondes de l'impureté. Ces mondes sont connus sous l'acronyme *ABYÂ* – *Atislouth*, **Briah** , **Yétsirah**, **Âssiah** –. Il y a implanté le désir d'abonder dans le système des *ABYÂ* de la sainteté et le désir de recevoir pour soi-même dans les *ABYÂ* de l'impureté. Le désir de recevoir est maintenant séparé du Créateur, et de tous les Mondes de la sainteté[10].

Les kabbalistes, en particulier ceux de la tradition lourianique, catégorisent les degrés spirituels en fonction d'un système complexe où chaque *sefirah* et chaque niveau de l'âme existe dans chacun des Quatre Mondes, mais selon un assemblage unique propre à chaque monde. Ce concept « d'Assemblage » est compris comme une *harkavah* [הַרְכָּבָה], c'est-à-dire l'organisation de *merkavoth* (chars, attelages, assemblages, connexions) spécifiques à chaque monde.

---

[8] Cela est clairement expliqué dans le *Êts Ḥayim*, porte 47, ch. 2, et dans le *Séfér Haguilgoulim*, ch. 20.
[9] Ecclésiaste 7:14.
[10] Baal HaSoulam, Introduction au Zohar 10, Yehoudah Ashlag.

Ces assemblages forment le « Grand Char » de la *Maâsséh Merkavah*, l'Œuvre du Char Céleste. Prenons l'exemple de *Malkouth*, la plus basse des dix *sefiroth* dans chaque monde. Au niveau de l'âme, la *néfésh* représente l'aspect le plus bas. Ainsi, une *néfésh* du *néfésh* de *Malkouth* en *Âssiah* (*néfésh denéfésh demalkouth daÂssiah* [נֶפֶשׁ דְּנֶפֶשׁ דְּמַלְכוּת דַּעֲשִׂיָּה]) est considéré comme le niveau le plus bas possible pour une âme. Toute personne possède au minimum ce degré. Les niveaux supérieurs, cependant, nécessitent un travail spirituel de correction ou de réparation pour être atteints et développés.

C'est dans cette quête de l'élévation spirituelle que les kabbalistes explorent et travaillent sur les différents assemblages et connexions entre les *sefiroth* et les niveaux de l'âme à travers les mondes, afin de parvenir à une prise de conscience de soi-même et de l'univers.

Même les plus vils des humains sans valeur et les pécheurs d'Israël sont ainsi dotés, au moment de l'union conjugale, d'une *néfésh denéfésh demalkouth daÂssiah*, qui est le plus bas degré de sainteté d'Assiah[11].

Les Quatre Mondes de la Kabbale englobent non seulement le système des dix *sefiroth*, mais aussi des niveaux généraux désignés par les noms des Mondes eux-mêmes. Ainsi, chaque Monde, comme *Atsilouth*, peut être subdivisé en niveaux plus fins : *Atsilouth* d'*Atsilouth*, *Briah* d'*Atsilouth*, et ainsi de suite. Ce principe s'applique de même aux trois autres Mondes.

Moïse Cordovéro illustre ce concept par une analogie avec un orfèvre triant son argent en quatre catégories basées sur la pureté du métal[12]. La première

---

[11] Tanya, Partie I, Likkoutéi Amarim 18:5, Shneour Zalman de Liadi.
[12] Pardès Rimonim 24:10.

catégorie représente l'argent le plus pur, exempt de métaux vils, tandis que chaque catégorie suivante contient progressivement plus d'impuretés. Cependant, même dans la catégorie la plus pure, l'argent n'est jamais totalement exempt de scories. Cette idée suggère qu'au sein de chaque catégorie, il existe des variations subtiles de pureté.

De manière similaire, dans la Kabbale, même au sein d'un Monde donné comme *Atsilouth*, il existe des degrés de « pureté » spirituelle. Ces degrés reflètent la proximité ou l'éloignement de la Source divine, avec chaque niveau inférieur contenant plus d'éléments « impurs » ou matériels. Cette analogie nous aide à comprendre que, même au sein de ce qui semble être un seul niveau ou un seul Monde, il y a une complexité et une gradation de la spiritualité, reflétant la richesse et la profondeur de l'univers spirituel.

LES MONDES DES SENS, DANS L'ATTENTE DE LA PURE ESSENCE

L'idée que « l'en haut » a toujours son reflet dans « l'en bas » est un principe fondamental de la Kabbale, illustrant la manière dont les réalités spirituelles se manifestent dans le monde physique. Selon cette pensée, les signes des Quatre Mondes mystiques trouvent leurs correspondances dans notre corps, permettant ainsi une communication avec ces niveaux divins. Les points de connexion entre le physique et le spirituel sont localisés dans la « face », qui abrite quatre de nos sens, chacun représentant un « monde » (*ôlamoth* [עוֹלָמוֹת]).

Ces mondes sont : *Ôlam riah* [עוֹלָם רְאִיָה], le Monde de la Vision, correspondant à la perception visuelle ; *Ôlam haezénah* [עוֹלָם הָאֲזֶנָה], le Monde de l'Audition, lié à notre capacité à entendre ; *Ôlam hariah* [עוֹלָם הָרִיח], le Monde de l'Odorat, associé à notre sens olfactif ; et *Ôlam hataâm*

[עוֹלָם הַטַּעַם], le Monde du Goût, en rapport avec notre sens gustatif. Chaque sens offre un canal unique de connexion et de communication avec les aspects correspondants des mondes spirituels, nous permettant d'accéder à des dimensions plus élevées de la conscience et de l'expérience spirituelle.

Selon l'enseignement de la Kabbale, chaque sens corporel sert de porte à un monde spirituel spécifique. La bouche, qui est la dimension du goût, est également connue sous le nom d'*Ôlam Dibbour* [עוֹלָם דִּיבּוּר], le monde du discours. Par sa dualité de goût et de parole, la bouche connecte à la *Shekhinah* dans le Monde d'*Âssiah*, par l'intermédiaire de *Malkouth*, symbolisant la *Neqouvah* (Femelle).

La porte du nez, représentant la dimension de l'odorat, permet une connexion sensible au Saint, béni soit-Il, dans le Monde de *Yétsirah*, par l'intermédiaire de *Tiféréth*, symbolisant le *Zakar* (Mâle).

Les oreilles, portes de l'audition, offrent une voie pour écouter la voix d'*Imma* dans le Monde de *Briah*, par l'intermédiaire de *Binah*. Cette dimension est associée à l'écoute intérieure et à la réception de l'enseignement spirituel.

Enfin, les yeux, portes de la vision, sont connectés à la lumière supérieure d'*Abba* dans le Monde d'*Atsilouth*, par l'intermédiaire de *Hokhmah*. Cette connexion est liée à la vision spirituelle et à la perception des vérités supérieures.

Chaque sens ouvre ainsi une voie vers un aspect distinct de l'expérience spirituelle, reliant le physique au divin et offrant des moyens uniques d'explorer et de comprendre les différentes dimensions de la réalité spirituelle.

Les Quatre Mondes et l'Unité du Nom

Les kabbalistes, tout en discutant des dix *sefiroth* et des quatre mondes, gardent toujours à l'esprit une vérité fondamentale : la divinité est « une et sans second ». Cette unité transcendante reste un fil conducteur constant, même au sein de la structure complexe des systèmes spirituels.

Dans les prochains chapitres, nous aurons l'opportunité d'étudier chaque Monde plus en détail. Toutefois, il est important de reconnaître que le thème des Mondes est vaste et divers dans ses interprétations. Chaque maître kabbaliste apporte sa propre sensibilité et perspective, entraînant parfois des divergences de vues. C'est à l'étudiant de naviguer dans cette richesse d'enseignements et de forger son propre chemin de savoir.

Nous terminerons cette section avec une réflexion d'Elie Munk sur l'unité du Nom divin et l'existence des Mondes. Son texte offre un point de vue éclairant sur la manière dont l'unicité de la divinité s'harmonise avec la multiplicité des réalités spirituelles. Cette exploration s'avèrera essentielle pour saisir la profondeur et la complexité des enseignements kabbalistiques.

Cette question de l'énonciation unique est également évoquée dans un calcul appelé *meroubâ* (mise au carré des valeurs des lettres). Prends le mot *éħad* [אֶחָד], « un ». Multiplie la lettre *aléf* (soit 1x1 =1), puis multiplie la lettre *ħéith* par elle-même (8x8 = 64), enfin multiplie la lettre *daléth* par elle-même (4x4 = 16). Le résultat de ce calcul, 81, est la *guimatria* des lettres du mot *anoki* [אָנֹכִי], « moi ». La lettre *aléf* n'est pas soumise à la multiplication, puisque lorsqu'on la multiplie par elle-même, le résultat reste toujours 1. Il s'agit là d'une allusion à l'Unicité absolue, comme nous l'avons souligné précédemment. Il est clair que le mot *anoki* [אָנֹכִי] et les quatre lettres de ce mot, comme nous l'avons expliqué, plus le mot lui-même, font allusion à l'invisibilité cachée (*koussah* [כְּסֵה]) de l'Être absolu dans ce Monde, Lui, Cause des causes, Transcendance des transcendances. La seule véritable Existence dans ce Monde est celle qui est cachée, et pourtant elle est à l'origine de tout ce qui existe dans ce Monde. Ce n'est pas par hasard que le nom que les kabbalistes ont utilisé pour en décrire la facette la plus cachée, c'est-à-dire Son Essence, soit *Éin-Sof*. Le Nom qui, cependant, fait allusion à toute existence est le Nom *Yhwh*. C'est ce dernier Nom qui est responsable de l'existence des différents « Mondes » connus des kabbalistes sous les noms de *Atsilouth, Briah, Yétsirah et Âssiah*. *Ôlam Atsilouth* (Monde de l'Émanation) dissimule le secret de la *Merkavah* et des quatre lettres du Nom correspondant, c'est-à-dire *Ḥokhmah, Binah, Tiféréth* et *Malkouth*. Dans *Ôlam haBriah* (Monde de la Création) il y a quatre colonnes, ce sont les quatre *ḥayoth* de la vision *d'Ézéckiel*, qui soutiennent le Trône : Humain, Taureau, Aigle et Lion. Dans *Ôlam haYétsirah* (Monde de la Formation) sont les quatre campements de la *Shekhinah* : *Mikaël, Gabriel, Oriel, Rafael*. Dans *Ôlam haÂssiah* (Monde de l'Action), sont les quatre *yessodoth* (éléments fondamentaux), les patriarches y forment une *Merkavah*, ce sont Abraham, Isaac et Jacob avec *Ḥesséd, Guevourah* et *Tiféréth*. David est le quatrième pied de la *Merkavah*, c'est-à-dire *Malkouth*, Maison de David[13].

---

13 Shnéi Luḥoth HaBrith, Torah Shebikhtav, Yitro, Eliyahou Munk.

Chapitre II

Le Monde d'Atsilouth

Le premier monde, l'*Ôlam haAtsilouth* (עוֹלָם הָאֲצִילוּת), ou Monde de l'Émanation, incarne la Pensée divine. C'est un univers entièrement divin, où nulle entité distincte ne peut exister. Source des autres mondes, il les engendre et les soutient. Il trône au-dessus des mondes de *Briah*, *Yétsirah* et *Âssiah*, étant le plus élevé des quatre.

Au commencement des Mondes kabbalistiques, *l'Atsilouth*, synonyme d'émanation, est cette préexistence se tenant au plus proche de l'Unité absolue. Parfois symbolisée par un simple point, origine de toute chose, ce concept est désigné dans le *Séfér haZohar* par le terme « *réshith* » (commencement). De *l'Atsilouth* émane la Volonté créatrice, qui se déploie et se structure dans le second Monde, *l'Ôlam haBriah*. Dans le Portail II de son œuvre *Pardès Rimonim*, intitulé « *Goût de l'Atsilouth* », Moïse Cordovéro décrit ce point primordial :

> « L'Atsilouth n'est pas un corps et n'a rien de corporel. Elle est désignée par 'Point' (*neqoudah*), car sans corps, *l'Atsilouth* étant la racine même de la corporéité et de ses limites. Ce 'Point' souligne aussi l'unité indivisible de *l'Atsilouth*, similaire au point qui s'unit à ses parties sans accepter de partition. Ainsi, même si l'existence de divisions en elle est

évoquée, cela relève plus de la parabole et de l'imaginaire. »

Le mystère du point précédant le Monde de *Briah* (Création) est éclairé par un verset des *Pirqéi de-Rabbi Éliêzér* (51:6) : « *Avant la création du Monde (nivra), seul existait le Saint, béni soit-Il, avec Son grand Nom* ». Les commentateurs interprètent « *Avant la création du Monde (bara)* » comme renvoyant au Monde de la Création (*Ôlam haBriah*). « Lui » (*Hou*) fait référence à Son Essence (*atsmouth*), tandis que « Son Nom » désigne l'*Ôlam haAtsilouth,* sans lequel aucune forme d'existence — passée, présente ou future — n'aurait été possible pour « Son Essence ». C'est le principe directeur de la Manifestation, dont les *sefiroth* orchestrent la totalité de la Création et des créatures.

Ce point, « proche » (*étsél*) du Créateur, est exempt de dimensions spatiales ou temporelles. Il n'y a ni avant, ni après, logiquement exempt de « limites ». Cependant, un attribut divin tel que l'Amour préexiste dans *l'Atsilouth* et dans la Volonté du Créateur, en assurant la proximité et garantissant l'Unité.

LA VOLONTÉ EN *ATSILOUTH*

Un peu plus loin, le *Zohar* indique que les deux premiers mondes sont ce qu'il appelle *Dou-Partsoufin* [דּוּ פַּרְצוּפִין], doubles faces, deux personnifications.

Dans le *Livre du Zohar*, le Monde de *l'Atsilouth* est personnifié par le concept *d'Abba* (Père), tandis que le Monde de *Briah* est représenté par *Imma* (Mère). *Abba* symbolise la Volonté divine dans *l'Atsilouth*, et *Imma* incarne la concrétisation immédiate de cette Volonté dans *Briah*. Ce couple mystique illustre la relation intrinsèque entre les deux premiers mondes.

Dans la voie de *l'Atsilouth* (*Atsilouta* [אֲצִילוּתָא]), pour chaque édifice conceptualisé, *Abba* s'adresse à *Imma* : « Que cela soit ainsi ». Et aussitôt, cela se réalise. Le *Zohar* révèle : « *Et Élohim dit : 'Que la lumière soit', et la lumière fut* ». *Vayomér* (« et il dit ») évoque le maître d'œuvre qui ordonne, et l'artisan qui exécute sans délai. Ainsi se déroule la création de chaque élément dans la voie de *l'Atsilouth* : « *Que le firmament existe* », ou « *Que les luminaires apparaissent* », et tout se manifeste immédiatement.[14]

Le *Zohar* précise ensuite que les deux premiers mondes sont ce qu'il nomme *Dou-Partsoufin* [דּוּ פַּרְצוּפִין], c'est-à-dire « deux visages » ou « deux personnifications ».

Les disciples s'interrogent : « Rabbi, Rabbi, peut-il y avoir une telle séparation entre *Abba* et *Imma*, à tel point *qu'Abba* réside dans *l'Atsilouth* et *Imma* dans *Briah* ? » Le Rabbi répond : « Chers compagnons, ce n'est pas ainsi. Car *l'Adam deAtsilouta* (Adam d'Atsilouth) est à la fois masculin et féminin, représentant *Abba* et *Imma*. C'est pourquoi '*Élohim dit que la lumière soit, et la lumière fut*'. '*Que la lumière soit*' émane *d'Abba* et '*la lumière fut*' *d'Imma*. Ainsi, Adam a été créé avec *Dou-Partsoufin* (deux personnalités ou deux visages) ».[15]

La Volonté de faire exister la lumière émane donc *d'Atsilouth*, tandis que l'existence concrète de la lumière est édifiée par *Briah*.

---

[14] Zohar I 22a.
[15] Zohar I 22b.

LA NOBLESSE DU NOM

Les kabbalistes interprètent couramment *l'Atsilouth* [אֲצִילוּת] comme une « émanation », étroitement liée à la source divine. *L'Atsilouth* est, en quelque sorte, l'agent mystique de la *Dveqouth*, l'Union mystique.

Dans un sens plus courant, *atsilouth* renvoie aux catégories proches du pouvoir et de l'autorité divine, semblables à celles d'un Roi. Son sens le plus répandu est celui de noblesse ou d'aristocratie. *Atsil* [אָצִיל] signifie à la fois noble, aristocratique, raffiné, honorable et magnanime. Ce terme dérive de *étsél* [אֵצֶל], signifiant « proche de ». Ainsi, *Ôlam haAtsilouth* pourrait se traduire par « Monde Proximal ».

Dans le langage courant, un *atsil*, ou noble, est quelqu'un qui, de par sa naissance ou son élévation, appartient à une classe privilégiée. Cette notion est évoquée dans le *Livre de l'Exode* : « *Et sur les nobles (atsiléi) des enfants d'Israël, il n'envoie pas la main*[16] ». Les commentateurs lient *atsil* à *atsilouth*, attribuant aux *atsilim* (nobles) la faveur d'avoir reçu la grâce de la *Rouaħ Élohim*, devenant ainsi une émanation de celle-ci.

Ils sont nommés *atsilim* car la *Rouaħ* de prophétie a émané sur eux, en raison de leur position sur un lieu saint. Les individus concernés sont *Nadav* et *Avihou*, ainsi que les soixante-dix anciens[17].

Pour approfondir, on pourrait dire que *l'Atsilouth* est en quelque sorte l'Ombre du Créateur. En effet, *étsél* est lié à *hétsél* [הֵצֵל], signifiant « faire de l'ombre ». Ces mots partagent la racine *tsél* [צֵל], « ombre ». Ainsi, *l'Atsilouth* résulte de l'occultation, du mystère, de la

---

[16] Livre de l'Exode 24:11.
[17] Rabbeinu Baħia (Baħiaa ben Ashér).

principale source de lumière. Cette « ombre lumineuse » est ce qui se trouve au plus près de la « Lumière du Rien », évoquée par la *Boutsina de-qardinouta* (Lampe obscure) du *Séfér haZohar*.

Tsél [צֵל] projette *Tsélém* [צֶלֶם], « l'image », qui prend forme dans l'ombre d'une source lumineuse. Dans cette perspective, on peut suggérer que l'Adam est dans le « *tsélém* » (ombre portée) *d'Élohim*, et qu'il est en quelque sorte « *l'atsilouth d'Élohim* », l'émanation la plus proche de son créateur. Cependant, s'approcher trop près d'une source lumineuse intense peut brûler : *tsalah* [צָלָה], signifiant rôtir ou griller. Par conséquent, *l'Atsilouth*, de par sa proximité, doit être très chaud. Alors, dans ce cas, l'enfer serait peut-être froid.

LES AISSELLES DIVINES

Dans la Bible, bien que le terme *Atsilouth* [אֲצִילוּת] n'apparaisse pas explicitement, une allusion dans le *Livre de Jérémie* (38:6) suggère que c'est par la puissance de *l'Atsilouth* que Jérémie a pu s'extraire de la fosse (*bor*) où il avait été jeté. Privé d'eau, il s'enfonçait dans le limon (*tit*) au fond de cette fosse. Dans la Kabbale, *bor* [בּוֹר] symbolise un trou obscur, une sorte de degré du *Guehinom*, représentant l'âme plongée dans une matière ténébreuse. La boue, *tit* [טִיט], rappelle la lettre *teith*, dans laquelle on descend, mais qui permet aussi une transmutation et une élévation vers la lumière, car ouverte en haut. C'est dans cette lettre que la matière se mue en esprit, et les ténèbres en lumière.

Le fait que Jérémie soit jeté dans le *bor* symbolise la privation de pain pour le peuple et entraîne la famine. Le roi commande alors à un Éthiopien de prendre trente hommes pour extraire Jérémie de la fosse. Ils utilisent « des chiffons et des haillons » (*hasihavoth vehaméléhim*) pour le protéger des brûlures des cordes. Ces haillons symbolisent les défauts humains, nés de la chute, à transmuter en qualités, en vêtements d'élévation. L'Éthiopien mentionne *l'atsilouth*, mais pas dans le sens d'émanation : « *Mets ces chiffons et ces haillons (hasiħavoth vehaméléħim) sous les aisselles (atsiloth) de tes bras, sous les cordes* ». Les aisselles, étant « proches » du corps, rappellent l'origine latine du mot français *aks-la*, point d'articulation des ailes ou des bras. Cette mutation dans la boue permet à Jérémie de trouver en lui la puissance de *l'Atsilouth* pour s'élever vers la lumière et sortir de la fosse.

Il est intéressant de noter que l'expression *hasiħavoth vehaméléħim* [הַסְּחָבוֹת וְהַמְּלָחִים] a une *guimatria* de 620, le même nombre que *Kéter* [כֶּתֶר], mais aussi de *Ħokhmah Binah veDaâth* [חָכְמָה בִּינָה וְדַעַת], les *sefiroth* en lien direct avec le Monde *d'Atsilouth*.

En outre, bien que souvent traduit par « *sous les aisselles de tes bras* », le texte original est : *Taħath atsiloth yadéik'a*, « *sous les aisselles de tes mains* » [תַּחַת אַצְּלוֹת יָדֶיךָ], évoquant l'élévation des mains durant la prière et la bénédiction. Comme le souligne Abraham Aboulâfia dans le paragraphe à venir, intitulé « *La mystique extatique de l'Atsilouth* ».

LA PUISSANCE DE L'ATSILOUTH

La puissance du Monde *d'Atsilouth* est inestimable, car ce monde réunit en lui les puissances des trois mondes qu'il précède.

Je t'ai déjà dit que *l'Éin-Sof* est parfait et sans carence. L'acte même consistant à le trouver mérite d'être d'abord considéré comme parfait. C'est pourquoi la Puissance de *l'Atsilouth* (*koaħ haAtsilouth* [כֹּחַ הָאֲצִילוּת]) doit être le point de départ de toute Création, car la Puissance de *l'Atsilouth* est la racine de la Création des êtres créés. Si nous ne profitions pas du *Shefâ* de la Puissance de l'*Atsilouth* et n'en ressentions pas le manque, comment reconnaîtrions-nous la perfection du *Shefâ* venant de l'*Éin-Sof* ? Et en quoi la Puissance des *Sefiroth* (*koaĥ hasefiroth* [כֹּחַ הַסְפִירוֹת]) vaudrait-elle la peine d'être reçue et répondrait à tous les besoins sans carence ? Car toute création, lorsqu'elle est entreprise, diminue et se carence[18].

La puissance du Monde *d'Atsilouth* est incommensurable, car il concentre en lui-même les forces des trois mondes qu'il précède.

Comme je te l'ai déjà expliqué, l'*Éin-Sof* est parfait et sans carence. Ainsi, l'acte de le découvrir doit lui-même être considéré comme parfait. C'est pourquoi la Puissance de l'*Atsilouth* (*koaĥ haAtsilouth* [כֹּח הָאֲצִילוּת]) est le point de départ inéluctable de toute Création. La Puissance de l'*Atsilouth* est la racine même de la création des êtres. Sans le *Shefâ* (afflux divin) de la Puissance de l'*Atsilouth*, comment pourrions-nous mesurer la perfection du *Shefâ* émanant de l'*Éin-Sof* ? Et en quoi la Puissance des *Sefiroth* (*koaĥ hasefiroth* [כֹּחַ הַסְפִירוֹת]) serait-elle digne d'être reçue, répondant à tous les besoins sans défaut ni manque ? Car toute création, dans son processus, subit une diminution et une carence[19].

La Puissance proximale de l'*Atsilouth*, en émanant la lumière unique de l'*Éin-Sof*, initie paradoxalement la séparation de cette unité. C'est pourquoi la pensée kabbalistique enseigne que, lorsque la lumière de l'*Éin-Sof* a pénétré dans le Monde de l'*Atsilouth*, elle s'est scindée en deux : une lumière interne, l'*Or pnimi* [אוֹר פְּנִימִי], et une

---

[18] Béour êsser Sefiroth 5:4, Azriel de Gérone.
[19] Idem.

lumière environnante, *l'Or maqif* [אוֹר מָקִיף]. Pour maintenir leur unité, ces deux lumières doivent à la fois s'attirer et se repousser, se tenant ainsi dans un équilibre perpétuel, sans excès ni carence. C'est de cette dynamique antagoniste que naît la *Koaĥ haAtsilouth* [כֹּח הָאֲצִילוּת], la Puissance de *l'Atsilouth*. Chaque *sefirah*, dans son essence, incarne ce principe d'équilibre, de « ni trop, ni trop peu », comme le formule le *Séfér Yétsirah* : « *Dix et non neuf, dix et non onze* ».

LA MYSTIQUE EXTATIQUE DE L'ATSILOUTH

Dans l'expérience mystique menant à la *Dveqouth*, l'Union mystique, le concept *d'Atsilouth* se présente comme le point d'attraction vers lequel notre *kavanah* (intention) nous guide. Il est ce mystérieux attracteur qui attire nos cœurs vers l'Infinie Lumière (*Éin-Sof-Or*).

Abraham Aboulâfia, dans son *Shomér mitsvah*, enseigne que l'élévation consciente des dix doigts durant la bénédiction nous connecte à cette *Atsilouth*. En effet, le Jugement (*Din*) oriente notre *Daâth* (connaissance) à unifier toutes les *Sefiroth* en une seule, tout en restant concentré sur *l'Atsilouth* présent en chacune d'elles, ainsi que dans chaque doigt des deux mains. Les divisions des doigts s'articulent ainsi : 1-4 4-1 [א'ד'ד'א'] pour le pouce et les quatre doigts de chaque main, et 1-2-2 2-2-1 [א'ב'ב' ב'ב'א'] dans un autre arrangement.

Cette pratique implique de se concentrer sur les doigts durant la prière, ressentant *l'Atsilouth*, qui alors connecte à la *Daâth*, déployant cet *Atsilouth* dans chaque *sefirah*. Le *Shefâ d'Atsilouth* traverse alors le pratiquant, facilitant son approche de l'Union mystique.

Dans son ouvrage *Metsaréf lekesséf vekour lazahav*, Abraham Aboulâfia souligne l'importance de cette connexion par les doigts durant la bénédiction sacerdotale.

Les doigts, en tant que ramifications du tout, sont élevés par le prêtre lors de la triple bénédiction des Noms saints. Ce geste agit comme un sceau qui harmonise les trois parties de l'Adam : le corps (*gouf*), l'âme (*néfésh*) et la conscience (*sék'él*). Les mains séparées symbolisent les actes, et la langue, agissant comme médiateur, est la *Shekhinah* dans le Monde supérieur. Cette élévation aspire à recevoir du haut la bénédiction qui est *Atsilouth* et *Shefâ* divin. Ainsi, les ramifications (les doigts) reçoivent et se nourrissent de leurs racines physiques, spirituelles et mentales, diffusant le *Shefâ* de l'intérieur vers l'extérieur, reliant ainsi tout, du premier au dernier.

Pour A. Aboulâfia, la capacité de développer la conscience (*Sék'el*) et de recevoir un *Shefâ* divin dépend essentiellement de la qualité de connexion à *l'Atsilouth*. Dans son *Metsaréf lekesséf vekour lazahav*, il considère *l'Atsilouth* comme étant hors du temps. Les consciences séparées dans la temporalité, symbolisées par les dix doigts également séparés, peuvent se reconnecter à travers *l'Atsilouth* :

> « Il n'y a pas de différence entre les *Sefiroth* avant le temps, surtout avant la nature. Le temps et la nature sont des créations, et le *Shefâ* divin supérieur influence d'abord les intellects matériels séparés. L'intellect (*sék'él*) et le *shefâ* sont influencés par la voie de l'Atsilouth. »

Ce que A. Aboulâfia nomme « voie de *l'Atsilouth* » (*dérék Atsilouth*) est une méthode consistant en une élévation des mains, en se concentrant sur *l'Atsilouth*, pour recevoir le *Shefâ* à travers la « voix de la *Shekhinah* ». Cette pratique sanctifie chaque phonème prononcé durant la bénédiction, ainsi que dans la pratique vocale des *tséiroufim*.

Le traité *Metsaréf lekesséf vekour lazahav* porte un nom évoquant l'alchimie, car A. Aboulâfia considère l'élévation des mains et la triple bénédiction sacerdotale comme une véritable œuvre de transmutation, grâce à l'abondant *Shefâ* initié par un souffle divin de *l'Atsilouth*. Dans son épître *Vezoth liYehoudah*, il développe cette idée :

« La pensée tire de là une triple bénédiction qui compense la carence. Comme il est dit : *'Et je l'emplirai de la Rouaħ Élohim avec Ħokhmah, avec Tevounah, avec Daâth et dans toute l'Œuvre (melakah)'*. Car l'œuvre (*melakah*) [מְלָאכָה] reçoit un *Shefâ Atsilouth* et une bénédiction de la puissance du royaume (*melakah*) [מְלָכָה], il est dit que lors de l'évocation du Nom, l'évocateur attire la bénédiction dans l'En haut et la fait descendre dans l'En bas. »

La triple bénédiction est une triple évocation, clamée par les *Séraphim* dans le *Livre d'Ésaïe* (6:3) : « *Ils criaient l'un à l'autre, et disaient : Qadosh ! Qadosh ! Qadosh !* ». Joseph Gikatilla en explique la signification :

« Le premier [*Qadosh*] est le mystère du *Shefâ* de *l'Astilouth* saint qui va du *Kétér Êlyon* à la *Sefirah Guedoulah*. Le deuxième *Qadosh* est le secret du *Shefâ* de *l'Astilouth* saint qui va de *Ħokhmah* à la *Sefirah Guevourah*. Le troisième *Qadosh* est le *Shefâ* de *l'Astilouth* saint qui va de *Binah* à la *Sefirah Tiféréth*. »[20]

LE SHEFÂ D'ATSILOUTH

On comprend que la bénédiction est un moyen d'attirer et de recevoir le *Shefâ* émanant du Monde *d'Atsilouth*. Cette connexion est illustrée par la *guimatria* :

---

[20] Shaâréi Orah, Portes 3 & 4.

l'expression *Shéfâ ouvrak'ah* [שֶׁפַע וּבְרָכָה] (*Shefâ* et bénédiction) a une valeur numérique de 683, tout comme *Ôlam Atsilouth* [עוֹלָם אֲצִילוּת] (Monde *d'Atsilouth*). Ce même nombre est celui de la phrase du *Cantique des cantiques* : *Gan naôul aĥoti kalah* [גַּן נָעוּל אֲחֹתִי כַלָה], « *Jardin clos, ma sœur-fiancée[21]* ». Dans ce jardin clos, la *Shekhinah* demeure proche (*atsilouth*) de la lumière *d'Éin-Sof*. Le kabbaliste y accède par la méditation de la *Kabbalah îyounith* [קַבָּלָה עִיוּנִית] (Kabbale contemplative), dont la valeur est également 683. Cette contemplation ne repose pas sur la vision, mais sur le ressenti. *Atsilouth* lui-même n'est pas visible, comme le souligne le verset : « *Nul humain ne peut Me voir et vivre[22]* ». On ne peut contempler que le « vêtement » que le Monde de la Création confère à *Atsilouth*. Intéressant à noter, *Âlma deAtsilouta* [עָלְמָא דַאֲצִילוּתָא], la forme araméenne du Monde *d'Atsilouth*, possède également une *guimatria* de 683.

Le *Shefâ d'Atsilouth* [שֶׁפַע אֲצִילוּת] provient du Monde de l'Unité où la Lumière est imprégnée d'Amour. Elle pénètre dans le cœur du contemplatif, éveillant la voix de la *Shekhinah* en lui. Cette *Shekhinah* se déploie alors dans la conscience, rayonnant jusqu'aux extrémités des dix doigts, induisant une véritable Union mystique. Cette Union mystique est une évocation de la Vérité ultime, celle qui transcende les apparences et l'imaginaire (*dimion*) des mondes matériels. C'est une expérience qui transcende les limites de l'ego, permettant à l'individu de se connecter à une source supérieure de sagesse et de merveille. La contemplation profonde de cette vérité mène à la réalisation de soi, à l'éveil de la Volonté divine en chacun. Cette quête requiert persévérance, ressenti et détermination, mais en retour, elle offre une paix

---

[21] Cant. 4:12.
[22] Exode 33:20..

intérieure et une sérénité inégalées. Finalement, c'est l'Amour, essence de l'Infinie Lumière, qui est à la base de la puissance de *l'Atsilouth* et de cette Union mystique. L'Amour est la force qui unit toutes les créatures, les reliant à tout et guidant chacun vers sa véritable nature divine (*tévâ élohi*). Cultiver cet Amour en soi et envers les autres est la clé de l'épanouissement spirituel dans l'harmonie du flux de *l'Atsilouth*.

CHAPITRE III

LE MONDE DE BRIAH

Dans *Ôlam haAtsilouth* [עוֹלָם הָאֲצִילוּת], le Monde de l'Émanation, le point initial de la Pensée divine préexistante se transforme en *havayah nifrad* [הֲוָיָה נִפְרָד], une « existence séparée », au sein *d'Ôlam haBriah* [עוֹלָם הַבְּרִיאָה], le Monde de la Création. Cette *havayah*, incarnation de la Parole créatrice, demeurait jusque-là inexprimable dans le Monde de l'Émanation. Le Nom ineffable, transcendant le temps, est représenté par quatre lettres : *Yhwh* [יהוה]. *Havayah* [הֲוָיָה], une anagramme de Yhwh, personnifie l'Être ineffable, tissé de Substance Infinie. Sa nature évoque l'existence du verbe être, mais résiste à toute tentative de distinction entre passé, présent et futur, fusionnés dans un Tohu-Bohu grammatical.

Le Monde de la Création est le domaine où les 10 Paroles résonnent, étendant le point d'unité *d'Atsilouth* pour former un ensemble harmonieux. Cette *Shirath habriah* [שִׁירַת הַבְּרִיאָה] (Chant de la Création) est l'œuvre de *l'Havayah rishonah* [הֲוָיָה רִאשׁוֹנָה] (Première existence), le Boré *leÔlam haBriah* [בּוֹרֵא לְעוֹלָם הַבְּרִיאָה] (Créateur du Monde de la Création). Il est l'architecte sonore du *Binyan haBriah* [בִּנְיָן הַבְּרִיָּה] (Édifice de la Création), dont l'essence est Or *haBriah* [אוֹר הַבְּרִיאָה] (Lumière de la Création). Ce processus, allant du 1 au 10, s'associe naturellement aux 10 *Sefiroth-belimah*.

LE CHANT DE LA CRÉATION

Le *Livre de la Genèse* révèle que le Chanteur suprême, dont la voix se propage en dix modulations dans le Monde de la Création, est *Élohim*, chaque Parole de ce dernier étant un sceau de vie. Cette assertion est corroborée par la *guimatria*, car la valeur numérique de 608 pour *Boré leÔlam haBriah* [בּוֹרֵא לְעוֹלָם הַבְּרִיאָה] est identique à celle de *ħotém Élohim ħayim* [חוֹתָם אֱלֹהִים חַיִּים] (sceau d'Élohim vivant), incluant les trois éléments vitaux de la modulation de la Voix : *Avir mayim ésh* [אַוִּיר מַיִם אֵשׁ] (air, eau, feu), de valeur numérique équivalente.

Son ouvrage, le « *Livre de la Création* », est nommé *Séfér Beréshith* en hébreu, *Liber Genesis* en latin. Son appellation découle de son premier mot, *Beréshith* [בְּרֵאשִׁית], traduit par « Au commencement ». Le *Séfér haZohar* suggère que « *réshith* » (début) est le Point originel en *Atsilouth*. Cependant, les trois premières lettres de *Beréshith* forment le verbe créer : *bara* [בָּרָא], qui est aussi le second mot du texte. Ainsi, *Séfer Beréshith* pourrait être interprété comme le « Livre de la Créativité d'Élohim ».

Dans les deux premiers mots, on perçoit une notion d'autocréation, comme si *Élohim* s'était lui-même engendré. En séparant les trois segments de *Beréshith bara* [בְּרֵאשִׁית בָּרָא], on obtient *bara shith bara* [בָּרָא שִׁית בָּרָא] : « créer fonde créer ». *Shith* [שִׁית], signifiant fondation ou mise en place, évoque cette autocréation. L'œuf et la poule, créés simultanément d'une substance unique, rendent caduque la question de leur antériorité respective. Sortant de *l'Atsilouth*, royaume de toutes les potentialités indistinctes, *Élohim*, autocréé, incarne tous ces possibles, étant à la fois le début et la fin. La *guimatria* de 1116 pour *bara shith bara* [בָּרָא שִׁית בָּרָא] renvoie à *Kéter-Malkouth* [כֶּתֶר מַלְכוּת], symbole du début et de la fin des sefiroth, de valeur identique. Cette notion d'autocréation en *Briah* rappelle une conception plus contemporaine : *Briah spontanith* [בְּרִיאָה סְפּוֹנְטָנִית], l'abiogenèse, qui est l'apparition de la vie à partir de matière inerte, une forme de génération spontanée. Abraham Aboulâfia enseigne : « *Un simple mot créateur est capable de produire à partir du néant (yésh méaïn)*[23]. »

CRÉATEUR DU MONDE

Dans le *Livre des Nombres*, le terme *briah* [בְּרִיאָה] apparaît pour la première fois dans un contexte plutôt négatif, avec un verset intrigant : *Ve-im briah yvra Yhwh* [וְאִם־בְּרִיאָה יִבְרָא יְהוָה], « *Et si Yhwh créait Briah* ». Le verset continue ainsi : « *Que la terre ouvre sa bouche et les engloutisse, eux et tout ce qui leur appartient, et qu'ils descendent vivants au shéol, vous reconnaîtrez alors que ces hommes ont méprisé Yhwh*[24] ». Ce passage souligne la possibilité, ou la liberté, des existences séparées en *Briah* de s'opposer à leur Créateur, engendrant ainsi leur propre perte. Cela peut être perçu comme une allusion au libre arbitre accordé à chaque créature, celui d'être ou de ne pas être. Par ailleurs, le mot *briah* est employé deux autres fois dans un sens différent, évoquant l'idée de gras et de bien-être[25].

Pour éviter cette chute dans le Shéol, les maîtres de la tradition s'entendent pour dire que chaque existence doit reconnaître, en actes, paroles et pensées, l'existence d'un *Boré haÔlam* [בּוֹרֵא הָעוֹלָם], Créateur du Monde, et lui rendre grâce pour son existence. Le Créateur est à la fois

---

[23] Ostar Eden Ganouz – Otsar, partie 9..
[24] Nombres 16:30.
[25] Ézéchiel 34:3 et Zacharie 11:16..

la cause et le moteur de tout, mais aussi Sa propre cause et Son propre moteur. Chaque existence séparée en dépend, ce que confirme la *guimatria* : la valeur de 360 pour *Boré haÔlam* correspond à celle de *havayah nifrad* [נִפְרָד הֲוָיָה] (existence séparée). Cette reconnaissance permet au *shefâ* de la *Rouaĥ Ĥokhmah ou Vinah* [רוּחַ חָכְמָה וּבִינָה] (Esprit de Sagesse et d'Intelligence), également de valeur identique, de circuler en chaque *havayah*.

Le Créateur donne à chaque créature la liberté d'agir selon ses désirs, tout comme Il se l'accorde à Lui-même. Ainsi, si une créature est mécontente des conséquences de ses actes, elle ne peut s'en prendre qu'à elle-même et ne doit pas se tourner, de manière idolâtre, vers d'autres causes créées, prétendument divines. Le *Séfér haZohar* ne mentionne qu'une seule fois le Créateur du Monde, *Boréi âlmin* [בּוֹרֵא עָלְמִין] en araméen, pour souligner qu'une créature doit se tourner uniquement vers le Créateur du Monde. Aucune créature ne peut retirer à une autre ce que le Créateur lui a accordé.

Le Saint Luminaire s'approcha avec les autres compagnons et ils se prosternèrent devant lui [le Pasteur fidèle], disant : « Assurément, nul ne peut ôter à l'homme sa part, car personne, hormis le *Boré haÔlam*, la Cause de tout, ne la lui a attribuée. De Lui dépendent la punition ou la récompense, et non d'un *malak'h* (ange ou messager), d'un *saraf* (séraphin) ou d'une quelconque autre créature. » Les Sages de la *Mishnah* ont enseigné : celui qui associe le Nom des cieux à autre chose (*davar*) est extirpé du monde. Entendant ces paroles de Rabbi *Shiméôn*, le Saint Luminaire, le Pasteur fidèle éprouva une grande joie. Tous les compagnons le bénirent et dirent : « Pasteur fidèle, si un homme était venu au monde seulement pour entendre ces mots, cela lui aurait suffi[26]. »

LA SÉPARATION QUI CRÉE

Dans le Monde de la Création, la chose prend un nom, l'ineffable se formule. La parole devient la chose et la chose, la parole - le *davar* [דָּבָר]. C'est dans ce monde que la parole et la chose se distinguent, établissant ainsi une chronologie spatio-temporelle, où il convient de « mettre les bœufs avant la charrue ». De ce fait, le Monde de la Création est aussi connu sous le nom *d'Ôlam haPéroud* [עוֹלָם הַפֵּרוּד] (Monde de la Séparation), où les différentes *havayoth* (existences) s'individualisent et s'affranchissent. Le terme *péroud* [פֵּרוּד] évoque la divisibilité, le schisme, voire la discorde. Dans la Bible, ce terme est un apax, utilisé dans le *Livre d'Ézéchiel* pour décrire la séparation entre les faces et les ailes des quatre *Ḥayoth* : « *Leurs faces et leurs ailes sont séparées (peroudoth) par le haut[27]* ».

Le *Zohar* emploie l'expression araméenne imagée *Touréi pirouda* [טוּרֵי פְּרוּדָא] (Monts de séparation) pour décrire le processus de création et de distinction des âmes, qui se séparent et se reconnectent de leur propre initiative. Chaque *neshamah* se manifeste et se distingue pour ensuite se recréer dans le Monde suivant, sous forme d'une *rouaḥ* et d'une *néfésh*.

« *Neshamah* émerge [mâle et femelle] des Monts de séparation. Là, la *Rouaḥ* se lie à *Neshamah*, qui descend encore pour connecter *Néfésh* avec *Rouaḥ*, et toutes se lient les unes aux autres. » Rabbi Yehoudah dit : « *Néfesh* et *Rouaḥ* se contiennent

---

[26] Zohar III 238a. Raâya mehémna.
[27] Ézéchiel 1:11.

mutuellement. *Neshamah* dessine les chemins humains, résidant dans un compartiment secret, dont l'emplacement est inconnu[28]. »

Le *Davar* relie la parole à la chose par le biais du nom, shém [שֵׁם]. Car c'est dans Briah que les *havayoth* se distinguent par un nom spécifique. La Substance Infinie se manifeste sous divers noms, tout comme les existences spirituelles hiérarchisées. Le nom confère un « sens » à la chose, la qualifiant, lui indiquant sa raison d'être et lui attribuant sa place et sa fonction dans la Création. En hébreu, une subtile nuance de vocalisation distingue *shém* [שֵׁם], un « nom », de *sham* [שָׁם], l'adverbe de lieu « là », indiquant une direction précise. Le nom désigne l'être (ou *l'havayah*) tandis que l'adverbe renvoie à la *shliħouth hahavayah* [שְׁלִיחוּת הַהֲוָיָה], la mission de l'être, fondement de la quête spirituelle de tout être : Qui suis-je ? Où vais-je ?

Ôlam haBriah, en tant que *Ôlam haPéroud*, recèle le mystère de la raison d'être de chacun, à la source même de la séparation et de la discrimination. Ces différences, voire inégalités, engendrent le déséquilibre à l'origine de la « Chute » des mondes et des âmes. En hébreu, le terme « discrimination », à comprendre ici dans un sens non péjoratif, se dit *aflayah* [אַפְלָיָה]. Le mot découle de la racine *afal* [אָפֵל], liée à la chute de la lumière, en rapport avec *nafal* [נָפַל], signifiant chuter ou tomber. *Aflayah* peut donc signifier *Afal-Yah* « ténèbres divines », ou encore « chute de la divinité ». Heureusement, la solution réside dans le problème même, car *afal* contient les lettres de *pélé* [פֶּלֶא], merveille, suggérant *Pélé-Yah*, le « miracle divin ». *Piliah* [פְּלִאָיָה], terme biblique unique trouvé dans les Psaumes,

---

signifie : « *Merveilleuse est Daâth pour moi, trop sublime pour que je puisse la saisir[29].* »

Ôlam haBriah, en tant que *Ôlam haPéroud*, est aussi la source mystique de la distinction entre *Mi* et *Mah* (Qui et Quoi ?). La *guimatria* le confirme, puisque 126, valeur d'*aflayah* [אַפְלָיָה] (discrimination), est aussi celle de *Mi él Mah* [מִי אֶל מָה] (Qui de quoi ?). Cette interrogation qui hante les âmes peut être une des causes du *ĥatéĥ haêguél* [חַטָא הָעֵגֶל] (péché du veau d'or) dans le désert.

LE MONDE DU TRÔNE

Briah est le berceau de la Création, lui fournissant la structure indispensable à son existence. On le désigne alors sous le nom d'*Ôlam haKissé* [עוֹלָם הַכִּסֵּא], le Monde du Trône, « *qui est le Monde de la Création revêtu d'Atsilouth[30]* ». Ce Trône est celui de la *Matronita* et aussi le Trône du *Davar*, car toute parole et toute chose y trouvent leur origine. La valeur de la *guimatria* de 232 pour *Ôlam haKissé* est remarquable, car elle est la somme des valeurs 72, 63, 52, 45, correspondant aux quatre façons de déployer le Nom *Yhwh* : *Av, Sag, Ben, Mah*. Ces noms révèlent le *Davar Yhwh* [דְּבָר יהוה], dont la valeur *guimatrique* est également 232. Sous le Trône de Gloire (*Kissé haKavod*) dans le Monde de *Briah*, les âmes sont façonnées. C'est pour cette raison que les sages font le lien entre ce Monde et la prière :

בָּרוּךְ אֱלֹהֵינוּ שֶׁבְּרָאָנוּ לִכְבוֹדוֹ

Barouk'h élohéinou shébaranou liKevodo

« *Béni soit notre Élohi qui nous a créés pour Sa Gloire* ».

De la même façon que le Nom se déploie en noms multiples, toutes les existences et hiérarchies célestes

---

29 Psaumes 139:6.

30 Pardès Rimonim XVII,3, Moïse Cordovéro. Ici atsilouth peut aussi se comprendre « noblesse ».

prennent leur essor à partir de *Briah*. *Binah*, qui représente le mieux cette *sefirah*, engendre et structure les sept *sefiroth* sous elle. La *Maâsséh Merkavah* établit sept Palais à partir du Monde de la Création :

1. Saint des Saints – *Qodésh haqadoshim*,
2. Volonté - *Ratson*,
3. Amour - *Ahavah*,
4. Mérite - *Zekhouth*,
5. Brillance - *Nogah*,
6. Essence des cieux - *Étsém HaShamayim*,
7. Édifice de saphir - *Livnath HaSappir*.

Ces palais, demeures des *havayoth*, sont décrits dans la littérature des Palais.

LE MONDE DE LA BONNE SANTÉ

Le Monde de la Création est le « *tov* » (bien) d'*Élohim*. La Volonté manifeste son désir d'existence à travers le *Davar*, et le *Davar* crée la chose. Si la création répond au désir et résonne dans l'Harmonie de *Briah* avec une structure parfaitement équilibrée, alors le Créateur proclame : « *Ki-tov* » [כִּי־טוֹב], « Que c'est bon ! ». Cette affirmation ouvre un futur aux *havayoth* liées à cette Parole affirmée par le *Ki-tov*. La *guimatria* de 47 pour « *Ki-tov* » [כִּי־טוֹב] correspond également à *havayah éhyéh* [הֲוָיָה אֶהְיֶה], signifiant « l'existence sera », évoquant le Nom révélé par *Yhwh* à Moïse (*Éhyéh asher Éhyéh*). N'oublions pas que *havayah* est l'anagramme de *Yhwh*.

Dans Briah, les *havayoth* ne connaissent ni la dégradation, ni le mal-être, ni la maladie, ni la mort. C'est le Monde de la Santé, *Ôlam haBari* [עוֹלָם הַבָּרִיא], ou plus précisément *Ôlam haBriouth* [עוֹלָם הַבְּרִיאוּת]. Retrouver la santé et le bien-être, c'est se rappeler le Monde où les *havayoth* sont « *tov* ». Cette mémoire réside en chaque créature. La maladie, en faisant oublier le bien-être, efface l'idée de futur et la connexion avec *Éhyéh*. Ainsi, le *Tiqoun* est une thérapie visant à restaurer l'état d'Harmonie originel dans le Monde de *Briah*.

La similitude des mots *briah* [בְּרִיאָה] (création) et *briouth* [בְּרִיאוּת] (santé), issus de *bari* [בָּרִיא] (robuste, sain, solide), révèle une profonde connexion. L'expression « *Bari oulam* » [בָּרִיא אוּלָם], signifiant être en excellente santé, résonne avec le Monde de *Briah*, évoquant l'idée d'être au seuil (*oulam*) de ce Monde. La *briouth* spirituelle, *briouth hanéfésh* [בְּרִיאוּת הַנֶּפֶשׁ], ou la santé de l'âme, est souvent associée aujourd'hui à la santé mentale, mais il serait plus juste de parler de *briouth haneshamah* [בְּרִיאוּת נְשָׁמָה].

Le terme *briouth* apparaît trois fois dans la *Torah*, spécifiquement dans le rêve prémonitoire de Pharaon dans *Genèse 41*. Les épis de blé sont décrits comme *briouth betovoth* [בְּרִיאוֹת וְטֹבוֹת] (« sains et bons ») et *habriouth vehamléoth* [הַבְּרִיאוֹת וְהַמְּלֵאוֹת] (« sains et pleins »), symbolisant le « bien » (*tov*) et la « plénitude » (*malé*), marques du Monde de *Briah*. La troisième mention, les vaches *briouth bassar* [בְּרִיאוֹת בָּשָׂר] (« saines de chair »), traduit souvent par « grasses de chair », souligne l'idée de bien-être physique.

Lorsqu'on souhaite « *Libriouth !* [לִבְרִיאוּת] » (« à la santé ! ») à quelqu'un qui éternue, c'est une invitation à restaurer son *havayah* et à se rappeler les bienfaits du Monde salutaire de *Briah*.

CHAPITRE IV

LE MONDE DE YÉTSIRAH

Considérons que si le Monde de *Briah* établit une structure et une ossature, le Monde de *Yétsirah*, quant à lui, l'habille et lui confère forme. *Ôlam haYétsirah* [עוֹלָם הַיְצִירָה], ou Monde de la Formation, façonne le monde selon les deux tendances héritées de l'Arbre de la Connaissance : le bien ou le mal, la vie ou la mort. Ainsi, dans le Monde de la Création, « penser c'est créer », tandis que dans le Monde de la Formation, « parler c'est former », voire « créer », étant donné que *yétsirah* peut aussi signifier créer. Par conséquent, *Ôlam haYétsirah* est parfois nommé *Ôlam haDibbour* [עוֹלָם הַדִּיבּוּר], le Monde de la Parole, car il façonne la parole à l'instar du potier modelant l'argile sur son tour. Dans ce monde, les paroles vaines ou fallacieuses engendrent le mal et la mort, tandis que l'usage constructif du verbe favorise la vie et la vérité. Le Roi Salomon l'évoque ainsi : « *La mort et la vie [sont] dans le pouvoir de la langue, et ceux qui l'aiment en mangeront les fruits[31]* ». Ce fruit est celui de l'Arbre de la Connaissance du Bien et du Mal.

Le lien entre le Monde de *Yétsirah* et celui du *Dibbour* est renforcé par la *guimatria*. *Ôlam haDibbour* [עוֹלָם

---

[31] Proverbes 18:21 - מָוֶת וְחַיִּים בְּיַד־לָשׁוֹן וְאֹהֲבֶיהָ יֹאכַל פִּרְיָהּ.

הַדִּיבּוּר], avec une *guimatria* de 373, symbolise la puissance du verbe, comme le reflète l'exclamation du *Livre des Psaumes : Qol Yhwh béhadar !* [קוֹל יְהֹוָה בֶּהָדָר], « *La voix de Yhwh est magnifique !*[32] ». De même, la *guimatria* de 466 pour *Ôlam haYétsirah* [עוֹלָם הַיְצִירָה] renvoie au verset du *Livre des Psaumes : Qol Yhwh yahil midbar* [קוֹל יְהֹוָה יָחִיל מִדְבָּר], « *La voix de Yhwh fait trembler le désert[33]* ». Puisque *midbar* [מִדְבָּר], « désert », est souvent interprété comme une allégorie à *médabér* [מְדַבֵּר], « parler », le verset peut se lire comme : « *La voix de Yhwh fait vibrer la parole* ».

La voix subtile en *Briah* vibre par le *davar* de *Yétsirah* à travers un processus de réduction que la Kabbale Lourianique nomme *tsimtsoum vehéêlém* [צְמְצוּם וְהָעָלָם], contraction et occultation. Shneour Zalman de Liadi décrit l'émanation des mondes par des contractions et occultations successives :

> Pour former le Monde de Briah [composé d'âmes et d'anges supérieurs dont le service *d'Hashém* se manifeste dans la dimension *Ħokhmah-Binah-Daâth* qu'ils revêtent, captent et reçoivent], un puissant Tsimtsoum a été nécessaire, comme mentionné auparavant. Il en est de même du passage de *Briah* à *Yétsirah*, car l'infime portion de lumière qui se vêt dans le Monde de *Briah* est encore d'une dimension *d'Ein-Sof* par rapport à *Yétsirah* et ne peut s'incarner dans ce dernier que par un *Tsimtsoum* et une occultation (*tsimtsoum vehéêlém*). Il en est de même de *Yétsirah* à *Âssiah*.[34]

Les existences du Monde de *Yétsirah* reçoivent leur *Neshamah* via *Briah*, n'accueillant ainsi qu'une partie

---

[32] Psaumes 29:4.
[33] Psaumes 29:8.
[34] Tanya – Partie I – Likkoutéi Amaraim, 49.

infime de *l'Atsilouth* lui-même. Cette étincelle est nommée *Ḥayah*. Dans ses commentaires sur les *Heikaloth* du *Zohar*, le Gaon de Vilna (*HaGr'a*) explique que dans tous les mondes, l'aspect divin reçu d'en haut, tel une inspiration prophétique, est appelé *Neshamah*. Cependant, la perception prophétique de l'âme en *Briah* est rare, la majorité des prophètes étant limités à *Yétsirah*. Le Gaon de Vilna affirme :

> Il est certain que Moshé, notre maître, percevait uniquement du niveau de *Briah* dans le Palais de la Volonté (*Héikal haRatson*), selon Rabbi Moshé Cordovero et le Arizal. Les autres prophètes ont perçu depuis le niveau de *Yétsirah*. Daniel, quant à lui, a atteint le sommet *d'Âssiah*, correspondant au niveau de *Yétsirah*, se situant entre les prophètes et les générations suivantes. Depuis, à chaque génération, la perception s'est affaiblie, jusqu'à ce que, dans ces dernières générations, nous ne percevions qu'au niveau du « talon » (*âqav*) *d'Âssiah*.

FORMATION ET FORMATEUR

Le mot *yétsirah* [יְצִירָה] évoque la formation et la production d'une œuvre, qu'elle soit musicale, artistique ou littéraire. Il englobe ainsi les notions de créativité, de création et de formation. L'expression *laytsirah* [לִיְצִירָה], signifiant « depuis la Création », sert de référence temporelle dans le décompte juif des années. Ainsi, *yétsirah* est souvent perçu comme synonyme de *briah*, qui désigne proprement la création.

Yétsirah possède une dimension plus graphique et modulable que *briah*. On peut l'illustrer par l'image d'un artisan créé dans le Monde de *Briah*, exprimant sa créativité avec ses outils pour façonner son œuvre. Ceci est souligné par le mot *tsiyér* [צִיֵּר], de la même racine, signifiant dessiner, représenter, imaginer, décrire. Un *tsayyar* [צַיָּיר] est quelqu'un capable de matérialiser son imaginaire par ses mains ou sa voix. Dans la littérature ancienne, *tsayyar* désignait aussi « broder ». Le *tsayyar* utilise sa *yetsiratiouth* [יְצִירָתִיּוּת] (créativité) pour créer une *yestirath moféth* [יְצִירַת מוֹפֵת], un chef-d'œuvre.

Le formateur, ou *yotsér* [יוֹצֵר], est un terme puissant, désignant souvent le « Créateur », soit *Élohim*, « Formateur » de la première lumière. C'est pourquoi « *yotsér* » est le nom de la bénédiction précédant le « *Shemâ* » dans la prière matinale, en référence à « *yostér or* » [יוֹצֵר אוֹר] au début de cette bénédiction. Il est essentiel pour un artiste « créateur » de ne pas se confondre avec « Le Créateur », car le mot est identique et la frontière, invisible.

Dans la Bible, *yotsér* désigne un potier, comme le montre le Psaume : *Kikeli yotsér* [כִּכְלִי יוֹצֵר], « *Comme un vase de potier[35]* », ou dans les Lamentations : *Maâsséh yedéi yotsér* [מַעֲשֵׂה יְדֵי יוֹצֵר], « *œuvre des mains du potier[36]* ». Ce symbole est central en Kabbale, où le potier, face à son tour, représente le cycle des âmes et des lettres. L'argile, ou *Adamah*, est la matière première formée par les dix doigts de l'artisan, symbolisant les dix *sefiroth*. Le flux conduisant la pensée du potier à ses doigts est le *Shefâ*. Ainsi, l'artiste et son œuvre sont intimement liés, comme une âme l'est à son Créateur. Le *Séfér Yétsirah* affirme :

> Dix *Sefiroth-belimah* – Dix et non neuf, dix et non onze. Soyez perspicace (*havén*) avec la Sagesse (*Ħokhmah*) et sage (*ħakham*) avec l'Intelligence (*Binah*). Explorez-les, scrutez-les, élevez la parole

---

[35] Psaume 2:9
[36] Lamentations 4:2.

(chose, *davar*) vers son Créateur et installez le potier sur son fondement (lieu fixé, *mak'on*).[37]

Mak'on [מָכוֹן], un lieu fixe et stable, est la base sur laquelle l'artisan pose son établi pour façonner son œuvre. *Mak'on*, dérivé de *kén* [כֵּן] : juste, véridique, honnête, sert également à affirmer « oui ». Le potier doit être droit et juste pour que son œuvre le soit aussi, défiant ainsi le Monde de *Yétsirah*. Selon la mystique des Palais, *Mak'on* est le sixième parmi les sept firmaments.

Le *yotsér*-kabbaliste doit maintenir l'équilibre entre les colonnes de droite et de gauche, couronnées par *Ḥokhmah* et *Binah*. Il lui faut relier sa bouche à son cœur, ainsi que ses paroles à ses actes. Le *Séfér Yétsirah* précise :

> Dix *Sefiroth-belimah* – Gardez votre bouche fermée et votre cœur en méditation. Si votre cœur s'emballe (*rats*), revenez (*shov*) à l'endroit où il est dit : « *Les Ḥayoth allaient et venaient (ratso vesho)*[38] ». C'est sur cette parole que se conclut l'Alliance.[39]

Pour le potier, « *rats* » représente l'impulsion des doigts manifestant la volonté, tandis que « *shov* » est la réponse de l'argile. Le potier, et tout artisan, doit croire en son œuvre, car c'est le secret de sa stabilité et de sa volonté d'élever la matière brute en chef-d'œuvre. En hébreu, on le nomme *ouman* [אֻמָּן] ou *aman* [אָמָן], lié à *amén* [אָמֵן], *émoun* [אֱמוּן], issus *d'émounah* [אֱמוּנָה], la foi, la confiance. Ceci souligne le lien étroit entre le Monde de *Yétsirah* et celui de *Binah*, ou encore entre *Tiféréth* et Binah, *sefiroth* symboliques des deux mondes.

---

[37] Séfér Yétsirah 1:4.
[38] Ézéchiel 1:14.
[39] Séfér Yétsirah 1:8.

Dans la mystique d'Abraham Aboulâfia, le mot *tsiyyér*, avec deux yods, signifie « visualiser ». Il l'utilise pour enseigner et décrire les méditations. Par exemple :

> L'humain, porteur d'une force intérieure dynamique et changeante, reçoit parfois la forme du Dibbour (parole : *tsourath hadibbour*) et sait s'il entend une bonne parole. Sa force s'active immédiatement selon son imagination (*sésseiâr*) et sa visualisation (*tsiyyér*), engendrant joie, bonheur et plaisir, fusionnant « le visualisé, la visualisation et le visualisant » en une action potentielle. La visualisation est une force guidée vers un sujet que nous portons.[40]

Aboulâfia différencie « visualiser » de « peindre » en doublant le yod de *tsiyyér*. Ce double *yod* apparaît lors de la création d'Adam à partir de la poussière d'argile, interprété comme « *Yhwh-Élohim visualisa (yitsér) l'Adam, poussière de l'Adamah*[41] ». Cependant, les maîtres du *Talmud*[42] expliquent ce double *yod* comme la dualité de la nature humaine, avec un penchant pour le bien et un pour le mal.

La racine bilitère *tsar* [צָר] décrit tout ce qui se forme par agglomération ou compression, et signifie façonner, former, mouler, modeler. Dans le langage courant, cela évoque quelque chose de serré, étroit, confiné, restreint. Dans le Monde de *Yétsirah*, la Volonté suprême doit se restreindre, la pensée se réduire. Visualiser condense en une image, l'artisan se résume dans son œuvre. Même le Créateur sans limite s'y soumet. En araméen, *tsar* devient *zâr* [זְעָר], désignant la réduction du visage du Créateur : *Zêir Anpin* [זְעֵיר אַנְפִּין], « Visage restreint », symbolisant la

---

[40] Séfér haHéshéq, partie II. Section 2 – signe 3 / section 3 – petit signe 6.
[41] Genèse 2:7.
[42] Berakhot 61a.

Face du *Boré Ôlam* (Créateur du Monde) dans le Monde de *Yétsirah*.

Le symbole de cette réduction est « *tsour* » [צוּר], le rocher, le roc, le silex. Ce rocher, forme figée de l'argile façonnée par le *Yotsér*, évoque les origines d'une personne : *Tsour maħtsavto* [צוּר מַחְצַבְתּוֹ], « le roc dans lequel on est taillé ». Il offre un fondement stable, comme le potier du *Séfér Yétsirah* sur son assise. La *Torah* mentionne *tsour yeshouâto* [צוּר יְשֻׁעָתוֹ], « *rocher de son salut*[43] ».

Cependant, ce rocher symbolise aussi une restriction menant à l'oubli et à la tristesse. La *Torah* clame après avoir mentionné le rocher du salut : « *Tu as dédaigné le Rocher qui t'a engendré, et tu as oublié Él qui t'a donné de l'espace*[44] ». Ainsi, le rocher devient une borne contraignante : *Métsér* [מֶצֶר], borne de l'oubli, qui se multiplie en *métsérim* [מְצָרִים], « Égypte ». Cela conduit au *métsar* [מֵצַר], la détresse, et à la *tsarah* [צָרָה], ou *tsarah tserourah* [צָרָה צְרוּרָה], grande détresse, symbolisant l'exil spirituel.

Abraham Aboulâfia a lutté toute sa vie contre le *dimion*, le conflit entre l'imagination créatrice et l'imaginaire fantasque menant à l'amnésie de soi. Il a noté l'homophonie entre l'hébreu *dimion* [דִּמְיוֹן] et le grec *daimon* [δαίμων].

Mais les kabbalistes savent qu'une simple modification de lettre peut transformer l'élixir de vie en élixir de mort, et inversement. Ajouter un *Pé* [פ] au roc de la détresse, *métsar* [מֵצַר], fait surgir le *raf* [רף], racine de toute guérison, créant le *metsaréf* [מְצָרֵף], l'alchimiste (le fondeur). Comme un potier des métaux, l'alchimiste

---

purifie l'argent : « *Et s'assiéra l'alchimiste et il purifiera l'argent[45]* » [וְיָשַׁב מְצָרֵף וּמְטַהֵר כָּסֶף]. *Mistraf* [מִצְרֵף] est l'art de guérir les métaux en les combinant, tout comme le kabbaliste le fait avec le *tséirouf* [צֵירוּף] des lettres, connectant et affinant (*tsoraf* [צָרַף]) le corps à l'âme et l'âme à sa Cause, éveillant la lumière en sommeil pour la faire briller de la Splendeur du *Zohar* du Firmament, à l'instar d'un *tsoréf* (orfèvre [צוֹרֵף]) avec les bijoux.

Ceci est le mystère de la *Mâasséh Yétsirah* [מַעֲשֵׂה יְצִירָה], l'Œuvre de la Formation – également traduite par « Création artistique ». Elle transmute le réel et l'imaginaire, le pur et l'impur, dans un sens comme dans l'autre, transformant les faits historiques en légendes et les fruits de l'imaginaire en réalités.

YÉTSER, BON ET MAUVAIS

Le concept de *yétsér* [יֵצֶר], englobant les jeux d'ombres et de lumières, de dépendances et d'indépendance, illustre la dualité des inclinations humaines, pouvant être bonnes ou mauvaises. *Yatsar* [יָצַר] représente la capacité des créatures à créer, produire et générer, telle une autorisation divine sans restriction. Le *yétsér*, forme masculine de *yétsirah*, désigne l'inclination, la tendance, l'instinct, le besoin, l'impulsion, illustrant l'usage du potentiel créatif conféré. Il se manifeste dans le Monde de *Yétsirah*, influencé par l'essence de l'Arbre de la Connaissance du Bien et du Mal.

Le *Yétsér haTov* [יֵצֶר הַטּוֹב], ou le bon penchant, permet d'utiliser ce potentiel pour l'accroissement de la Sagesse et l'éveil des âmes. À l'inverse, le *Yétsér haRâ* [יֵצֶר הָרַע], le mauvais penchant, représente les tendances négatives qui entraînent l'individu et d'autres âmes dans

---

[45] Malachie 3:3.

la détresse. Ces deux aspects forment le *yétsér bessissi* [יֵצֶר בְּסִיסִי], une tendance innée et instinctive déclenchée automatiquement en réponse à un stimulus spécifique. Ceci inclut le *yétsér hamin* [יֵצֶר הַמִּין], l'instinct sexuel ou la « libido », qui, motivé par le *Yétsér haTov*, vise la survie et la pérennité de l'espèce, tandis que sous l'influence du *Yétsér haRâ*, il peut mener à la luxure et aux transgressions. Dans les deux cas, cela relève du *yétsér haqioum* [יֵצֶר הַקִּיּוּם], l'instinct de survie, car même le mal et les maladies sont enracinés dans la nécessité impérieuse de survivre.

Les maîtres du *Talmud* expliquent le bon et le mauvais penchant à travers les Psaumes :

[En ce qui concerne les penchants d'une personne], il a été enseigné que Rabbi Yosséi HaGuelili a dit : Le *Yétsér haTov* dirige les justes, comme il est dit : « *Et mon cœur est transpercé en moi*[46] ». Le *Yétsér haRâ* a été complètement banni de son cœur. Le *Yétsér haRâ* gouverne les méchants, comme il est dit : « *Pour le méchant, la déclaration de transgression est au fond de mon cœur, aucune frayeur de Dieu devant ses yeux*[47] ». Les *béinonim* (personnes intermédiaires) sont gouvernées à la fois par le bon et le mauvais penchant, comme il est dit : « *Il se tient à la droite de l'indigent, pour le sauver de ceux qui jugent son âme*[48] »[49].

Le mauvais penchant est souvent associé au *Satan*, et selon le *Talmud*, il est intégré dans la nature humaine dès la création, comme l'indique *Yétsér lév haAdam* [יֵצֶר לֵב הָאָדָם], le penchant de l'Adam (nature humaine), qui est

---

[46] Psaumes 109:22.
[47] Psaumes 36:2.
[48] Psaumes 109:31.
[49] Talmud Berakhot 61b.

« *râ* » dès le départ : « *Car, le penchant du cœur de l'Adam est un mal dès son adolescence[50]* ». Selon Maïmonide, il est nécessaire de développer l'intelligence pour s'écarter du mal, de *Satan,* ou de l'imaginaire fantasque. Il affirme que le *Yétsér haTov* ne se manifeste qu'après le perfectionnement de la sagesse. Il est à noter que le mot *Satan* [שָׂטָן] provient du verbe *satah* [שָׂטָה], signifiant se détourner, car *Satan* détourne de la vérité et conduit à l'erreur et à l'illusion. Plus inattendu, Maïmonide soutient que le *Yétsér haRâ* est un ange :

> Or, ils [les Maîtres] nous ont déclaré que le *Yétsér haRâ* est *Satan* et indubitablement un ange (qui en effet est désigné comme ange, parmi les fils d'*Élohim*). Par conséquent le *Yétsér haTov* est aussi un ange. Ainsi, quand les Maîtres disent, comme tout le monde le sait, que chaque humain est accompagné par deux anges, l'un à sa droite et l'autre à sa gauche, il s'agit du *Yétsér haTov* et du *Yétsér haRâ.*

Cette vision est en accord avec la conception kabbalistique du Monde de *Yétsirah* en tant que domaine des anges, où Jacob a rencontré et rêvé des anges. Ce monde sert donc de cadre pour l'expression et la transformation de ces penchants fondamentaux, offrant un espace où l'humanité peut travailler à transmuter son état primaire et atteindre un équilibre entre ces forces opposées.

LE LIEN DU LÉVIATHAN

Le mouvement complexe de la lumière et du verbe dans *Ôlam haYétsirah* est personnifié par le Léviathan

---

[50] Genèse 8:21.

[לִוְיָתָן], une entité de nature antagoniste qui réunit en elle les deux penchants de l'humanité.

Sache que la formation du *Léviathan*, que le Saint, béni soit-Il, a formé, est divisée mâle et femelle, et que sa puissance et sa grandeur sont en qualité et en quantité, tout cela est vérité. Les choses sont simples mais ce *Léviathan* qui est mâle et femelle a été créé pour imager quelque chose d'autre dans les mondes supérieurs. C'est comme ce qui a été dit à propos du corps humain inférieur qui est à l'image des *sefiroth* saintes. Et par comparaison, il est dit que le *Léviathan* inférieur mâle a été créé pour imager le Monde de *Yétsirah* dans les mondes rectilignes, et le *Léviathan* femelle a été créé pour imager le Monde de *Yétsirah* dans les mondes circulaires. Et la connexion entre le Monde de *Yétsirah* des mondes rectilignes avec le Monde de *Yétsirah* des mondes circulaires est nommée « *Léviathan* », car *Léviathan* signifie liaison et connexion, et à propos de cette connexion entre le Monde de *Yétsirah* des mondes rectilignes avec le Monde de *Yétsirah* des mondes circulaires, il est dit que : « *Ce Léviathan est formé (yétsér) pour jouer avec lui[51]* »[52].

L'expression *yatséréth lessaħéq* [יְצַרְתָּ לְשַׂחֶק] a plusieurs interprétations. Elle peut signifier « formé pour jouer » ou « pour rire », mais peut également être lue comme *yatséréth leshaħaq* [יְצַרְתָּ לְשַׁחַק], « formé pour les cieux », impliquant la formation du ciel (le monde) de *Yétsirah*. Dans la mystique des Palais, les cieux appelés *sheħaqim* [שְׁחָקִים] sont associés aux meules avec lesquelles est moulue la manne, car *sheħaqim* signifie à la fois « cieux » et « meules ». Il s'agit du troisième des sept cieux.

---

[51] Psaumes 104:26.
[52] Ben Yehoyada sur Bava Batra 74b - Ben Ish Ħaï

Les *Sheħaqim* sont les lieux où se trouvent les moulins de la manne pour les justes, comme il est dit : « *Il commanda aux Sheħaqim d'en haut et ouvrit les portes des cieux. Il fit pleuvoir sur eux la manne pour manger et leur donna du blé des cieux[53]* »[54].

La capacité créatrice et formatrice des paroles est comparée au *Léviathan*, qui peut devenir destructeur. Chacun est responsable des mots qu'il prononce. Dans la littérature mystique, le Prince céleste Gabriel est chargé de modérer et retenir cette puissance. Cependant, seule la personne ayant prononcé une parole peut l'annuler, c'est-à-dire contenir l'œuvre destructrice du Léviathan, en maîtrisant la langue qui a émis de mauvaises paroles. Les maîtres du *Talmud* abordent ce sujet en citant :

Lorsque Rav Dimi vint de la terre d'Israël en Babylonie, il dit que Rabbi Yonathan avait dit : Dans l'avenir, Gabriel chassera le *Léviathan*, comme il est dit : « *Tireras-tu Léviathan avec un hameçon ? Lieras-tu sa langue avec une corde ?[55]* ». Et si le Saint, Béni soit-Il, n'assistait pas Gabriel, il ne pourrait pas le chasser, comme il est dit : « *Seul Celui qui l'a créé peut utiliser son épée pour l'atteindre[56]* »[57].

Ainsi, le Léviathan dans *Ôlam haYétsirah* représente un puissant symbole de la dualité inhérente à la nature humaine, et la nécessité d'équilibrer et de maîtriser les forces opposées qui coexistent en nous et dans l'univers.

---

[53] Psaumes 78:23-24
[54] Talmud Ħaguigah 12b.
[55] Job 40:25.
[56] Job 40:19.
[57] Talmud Bava Batra 75a.

CHAPITRE V

LE MONDE D'ÂSSIAH

Ôlam haÂssiah [עוֹלָם הָעֲשִׂיָּה], ou le Monde de l'Action, constitue le dernier des quatre Mondes, conformément à l'ordre énoncé par le prophète Isaïe : « *Quiconque appelle en Mon Nom, je l'ai créé (briah), je l'ai formé (yestirah) et je l'ai fabriqué (âssiah)*[58] ». Considéré comme le monde le plus matériel et le plus dense, la lumière provenant de *l'Atsilouth* y parvient à la limite de sa réduction et de son agitation, voire de son stress.

Dans ce monde, la substance est une matière captive, obéissant aux lois physiques. Les êtres y endurent la contrainte de la matière qui les enveloppe, tout en ayant la capacité d'agir et d'influencer directement leur environnement. Pour les plus croyants, *l'Âssiah* est le théâtre des *mitsvoth* et des actions vertueuses, influençant à la fois l'âme et le corps.

Cependant, *Ôlam haÂssiah* ne se limite pas à un univers purement physique. Il est aussi perçu comme un pont entre le monde matériel et les sphères spirituelles supérieures. Les actes accomplis dans ce monde peuvent résonner dans les mondes supérieurs et, de même, les

---

[58] Ésaïe 43:7.

bénédictions et influences spirituelles peuvent se manifester dans le monde physique.

LA FABRICATION DE L'ŒUVRE

Le terme *âssiah* [עֲשִׂיָּה] renvoie à l'Action, la réalisation, et le travail. Il provient de la racine *âssah* [עָשָׂה], signifiant Faire, produire, fabriquer, et symbolise tout ce que l'on peut accomplir. *Âsséh* [עֲשֵׂה] désigne les commandements positifs.

La racine bilitère *âss* [עש] évoque l'œuvre en général. La première occurrence du verbe dans la *Torah* concerne la croissance des végétaux : *Pri ôsséh pri* [פְּרִי עֹשֶׂה פְּרִי], « *fruit faisant fruit[59]* ». *Élohim* fait appel à ce terme pour la création d'Adam : *Naâsséh Adam* [נַעֲשֶׂה אָדָם], "« *Faisons Adam[60]* ». Plus loin, il est dit : *Kol ashé âssah*, « *tout ce qu'il a fait[61]* ». Ainsi, *Beréshith* est décrit comme une *Mâasséh* [מַעֲשֶׂה], signifiant Acte, œuvre, événement, incident, récit, une notion retrouvée également dans *Maâsséh Merkavah*, l'Œuvre du Char. *Maâss* [מַעַשׂ] représente un geste, un acte.

Le mot *âssiah* [עֲשִׂיָּה] apparaît plus tard dans la *Torah*, notamment dans le *Livre des Nombres* pour décrire l'offrande « *faite (âssiah) au Mont Sinaï[62]* ».

La première apparition *d'âssiah* en lien avec les arbres, les fruits, et les plantes est renforcée par sa *guimatria* 385, identique à celle de *mipri haAdamah* [מִפְּרִי הָאֲדָמָה], « *des fruits de la terre[63]* », expression utilisée dans la *Genèse* lors de l'offrande de Caïn. Ce nombre crée un lien

---

[59] Genèse 1:11.
[60] Genèse 1:26.
[61] Genèse 1:29.
[62] Nombres 28:6.
[63] Genèse 4:3.

fort avec le Monde *d'Âssiah*, et aussi avec *Shekhinah* [שְׁכִינָה]. De plus, 385 est la *guimatria* de *Shém* (nom) développé *Yod-Hé-Vav-Hé* [שֵׁם יו״ד ה״א וא״ו ה״א], déployant ainsi le Nom Tétragramme.

DE L'OBSCURITÉ AUX TÉNÈBRES

Dans la Kabbale, le *Shefâ*, ou flux spirituel émanant de *l'Atsilouth*, subit une dégradation de son intensité lumineuse à travers les différents niveaux de création. Cette lumière se dévêt progressivement de son *Zohar*, de son *Bahir* et de sa *Nogah*, transformant la « lumière obscure » – *Boutsina de-qardinouta*, selon le *Séfer haZohar* – en une « obscurité ténébreuse ». La « lumière obscure » est une lumière diffuse et infinie, représentant la nature du *Arik Anpin*, le Visage spacieux qui s'étend à l'infini, avant toute perturbation causée par le mouvement de Création. À l'inverse, « l'obscurité ténébreuse », limitée et confinée, est le résultat de multiples *tsimtsoumim*, ou contractions successives, agitées par la *yirah* (crainte), sous l'influence principale de la *sefirah Guevourah*. Cette réduction symbolise la nature du *Zéir Anpin*, le « visage court ».

La transformation de l'obscurité en ténèbres s'opère au sein de la *sefirah Malkouth*, frontière du Monde de *l'Âssiah*. Au-delà de cette limite, la lumière n'existe plus, à l'exception de fragments capturés par les *Qlipoth* pour leur survie.

Le passage crucial de la lumière aux ténèbres se déroule entre les *sefiroth Yessod* et *Malkouth*, représentés symboliquement par un puits. *Yessod*, la partie supérieure ouverte à la lumière, est le sommet du puits, tandis que *Malkouth*, le fond, peut varier entre humide et sec, symbolisant la présence ou l'absence de lumière. Ce puits est à la fois le lieu de chute de la lumière et des âmes, et le moyen par lequel elles peuvent remonter, évoquant un extracteur de Soxhlet en chimie, nécessitant un solvant, ou une rouaẖ pour les kabbalistes.

La *guimatria* soutient cette association entre le Monde de *l'Âssiah* et le puits : le nombre 536 est commun à *Ôlam haÂssiah* [עוֹלָם הָעֲשִׂיָּה] et à *Bér haẖoshék* [בְּאֵר הַחֹשֶׁךְ], le « puits de l'obscurité ».

La descente de la lumière dans *l'Âssiah* symbolise la perte de la réalité et l'effacement de la vérité, au profit de l'illusion et des chimères de l'imaginaire. Comme la lumière s'éteint, la joie cède la place à la tristesse et au désespoir. Cependant, cette perspective change lorsque l'on comprend que tristesse et désespoir ne sont que des illusions. C'est probablement pourquoi Naẖman de Breslev proclamait à ses disciples : *Éin yioush baôlam !* [אֵין וְיֵאוּשׁ בָּעוֹלָם], « *Il n'y a pas de désespoir dans le monde !* », phrase dont la *guimatria* est également 536.

DE LA LUMIÈRE À LA PEAU, D'ATSILOUTH À ÂSSIAH

La *Maâsséh Tsimtsoum* [מַעֲשֵׂה צִמְצוּם], ou l'enchaînement des *tsimtsoumim* [צִמְצוּמִים], illustre le transfert de la lumière *d'Arik Anpin* à *Zéir Anpin*, c'est-à-dire de *l'Atsilouth* à *l'Âssiah*. *L'aléf* initial *d'Atsilouth* évoque or, la lumière, débutant également par cette lettre. En traversant les soixante-dix niveaux de la lecture, la lumière (*tORah*) transforme le 1 *d'aléf* en 70, symbolisé par la lettre *âyin*, initiale *d'Âssiah*, mais aussi de *ôr* [עוֹר], la peau, phonétiquement proche *d'or* [אוֹר], la lumière.

Cette transformation est représentée par l'expression « Feu noir sur Feu blanc ». Le Feu blanc désigne la lumière originelle, tandis que le Feu noir symbolise la matière noire de l'encre des lettres de la Torah, écrite sur de la peau. L'espace blanc entre les lettres représente la Présence divine, la Lumière émanant de *l'Atsilouth*, tandis que la matière noire des lettres incarne le Monde de *l'Âssiah*. Le Monde du *Yétsirah* correspond au mouvement de la lettre formée par le *Sofér* (scribe), pensée dans le Monde de la *Briah*. Ces quatre niveaux correspondent aux interprétations du *Pardès* des maîtres du *Talmud*, le plus élevé étant le « *sod* », avec une *guimatria* de 70.

À l'inverse du Feu blanc immortel de *l'Atsilouth*, le Feu Noir lié à la peau est périssable et se dégrade jusqu'à disparaître dans la mort. Ainsi, le Monde *d'Âssiah* est associé au monde de la mort. Ces deux aspects, immortalité et mort, se côtoient dans le *Séfér Torah*, symbolisé par la *meguilah* ou le *guilgoul*.

Cependant, avant d'atteindre la mort, le Monde *d'Âssiah* est d'abord un monde d'aveuglement, mêlant ignorance, tristesse, illusion et fantasme, soit le désespoir (qui n'est qu'un leurre illusoire selon Naḥman de Breslev). Les lettres de *ôr* [עוֹר], peau, peuvent aussi s'épeler *Îvér* [עִוֵּר], aveugle, faisant *d'Âssiah* un *Ôlam haÎvéron* [עוֹלָם הָעִוָּרוֹן], Monde de l'Aveuglement. L'aveuglement n'implique pas l'absence de lumière, d'où la *guimatria* 483 de *Ôlam haÎvéron*, issue de l'addition de : *or + ôr* [אוֹר עוֹר] (lumière + peau).

Ce Monde de l'Aveuglement a été créé lorsque *Yhwh-Élohim* a fabriqué des tuniques de peau, ou d'aveuglement, pour *Adam* et *Ève* : « *Et Yhwh-Élohim fit (yaâss) pour Adam et pour son Ishah des tuniques de peau (katenouth ôr), et les en revêtit*[64] », pouvant également être interprétées comme des tuniques d'aveuglement (*katenouth îvér*). Ces tuniques sont imprégnées de tristesse (*êtsév*), comme le souligne un verset précédent : *Beêtsév téldi* [בְּעֶצֶב תֵּלְדִי], « *Avec tristesse (êtsév) tu enfanteras*[65] ».

---

64 Genèse 3:21.
65 Genèse 3:16.

La chute de l'âme dans le Monde de l'Aveuglement est comparable à l'emprisonnement des Hébreux dans le « camp des Égyptiens » de l'Exode, *maħanah Mitsraïm* [מַחֲנֵה מִצְרַיִם], qui partage la même *guimatria* de 483 que *Ôlam haÂssiah*. L'âme, entravée par la tristesse, peut néanmoins s'en libérer dans ce Monde, également celui du *marpé êtsév* [מַרְפֵּא עֶצֶב], « guérison de la tristesse », avec une valeur *guimatrique* identique.

Il revient à l'humain de se connecter à la *Rouaħ Élohim* pour raviver les lettres et les corps, en apportant aux lettres le souffle des voyelles, leur permettant de remonter le « puits de l'obscurité » et de s'échapper des limites mortelles de la matière... par l'extracteur de Soxhlet (*méħaléits soqsehélét* [מְחַלֵּיץ סוקסֶהֶלֵט]), dont la *guimatria* 448 signifie : *Or yotsé laħouts* [אוֹר יוֹצֵא לַחוּץ], « la lumière s'extrait ». Ainsi, le puits d'*Âssiah* peut entraîner la lumière vers l'abîme ou la libérer, illustrant l'histoire des âmes enchaînées en Égypte sous Pharaon, et libérées à travers les 50 Portes menant à *Binah*.

DE HÉ À HÉ, DE BRIAH À ÂSSIAH

Dans la tradition kabbalistique, le dernier *Hé* du Nom Tétragramme *Yhwh* est souvent associé au Monde de *l'Âssiah*, et plus précisément à la *sefirah Malkouth*. Le premier *Hé*, quant à lui, est lié au Monde de la *Briah* et spécifiquement à la *sefirah Binah*. Cette association crée un lien privilégié entre ces deux mondes. Le *Hé*, caractérisé par un souffle, possède une nature féminine. Dans *Binah*, il représente le souffle de la Mère en gloire, tandis que dans *Malkouth*, il symbolise le souffle endormi de la Fille en exil, de la Fiancée en attente d'être éveillée.

Au niveau de la *Briah*, les âmes sont engendrées par le souffle vital du premier *Hé*, incarné par la Mère matricielle en *Binah*. Ce souffle, en tombant en *Âssiah*, entraîne l'âme dans la servitude du *Guilgoul*. Dans ce monde, l'âme, esclave des ombres, erre sans but précis, jusqu'à ce qu'un nouvel horizon se dévoile à elle. Elle redécouvre alors la mémoire de la véritable nature de son être, révélant son identité profonde qui porte le message de sa véritable mission d'existence, de sa raison d'être. C'est à ce moment-là que s'ouvrent devant elle les 50 Portes de Libération, lui permettant de s'extraire de sa servitude du puits obscur et de s'élever à nouveau vers *Briah*.

Cette dynamique illustre le voyage de l'âme à travers les différents mondes et niveaux de conscience selon la Kabbale, où chaque étape représente une phase différente de son évolution et de sa quête de libération spirituelle.

LES AIMANTS D'ÂME, DE YÉTSIRAH À ÂSSIAH

La fille qui sommeille dans les profondeurs du royaume d'*Âssiah* est la *Shekhinah*, la Présence divine, tout à la fois fille et fiancée. Elle attend patiemment que son *yédid néfésh*, son « aimant d'âme », vienne la réveiller. C'est lui qu'elle appelle de son chant des profondeurs du puits obscur, dans l'introduction du *Cantique des cantiques* : *Yishaqéni mineshiqoth pihou* ! (« *Qu'il me baise de baisers de sa bouche[66]* »). Cette bouche est l'ouverture du puits, le point intime de contact entre le Monde du *Yétsirah* et le Monde de l'*Âssiah*, la *sefirah Yessod*. Son bien-aimé, son aimant d'âme, c'est *Hou* (Lui), le Saint, béni soit-Il, symbolisé par le *Vav* du Nom tétragramme en *Tiféréth* au centre du Monde de *Yétsirah*.

La lettre *vav* est un lien, une connexion entre les choses. Ici, son rôle est de rétablir la connexion entre le souffle d'en haut et le souffle d'en bas. *Tiféréth*, en tant

---

[66] Cantique des cantiques 1:2.

que Fils, fiancé ou bien aimé, à pour rôle de faire descendre le souffle de l'amour matriciel de la Mère en *Binah*, tout en réveillant par l'attrait, le souffle du désir amoureux de la Fille. Afin de les réunir en son cœur.

Pour son *Shir*, son Chant, la Fille dans les profondeurs module des voyelles à l'aide du peu de souffle dont elle dispose. Par cela, les lettres du feu noir, apparemment éteint, se réveillent et sont transportées sans grande force vers l'ouverture du puits. Si le bien-aimé, en *Tiféréth*, parvient à les entendre, il se met à chanter avec elle. De la sorte, il apporte le souffle supplémentaire, un supplément d'âme, nécessaire pour que le *Shir* atteigne la lumière en haut du puits. Alors, les deux souffles s'unissent et se vitalisent. Ce sont les baisers espérés « *de sa bouche* ». C'est peut-être pour cela que l'ouverture d'un puits s'appelle une « bouche ».

Dans le mysticisme de la Kabbale, la *Shekhinah*, la Présence divine, est décrite comme une fille sommeillant dans les profondeurs du royaume *d'Âssiah*. Elle est à la fois Fille et Fiancée, attendant patiemment son *yédid néfésh*, l'« aimant d'âme », pour la réveiller. Son appel est évoqué dans l'introduction du *Cantique des Cantiques* par les mots *Yishaqéni mineshiqoth pihou* ! (« *Qu'il me baise de baisers de sa bouche*[67] »), symbolisant son désir d'union spirituelle. Cette « bouche » représente le point de jonction entre le Monde de *Yétsirah* et celui *d'Âssiah*, par l'intermédiaire de la *sefirah Yessod*.

Son bien-aimé, son aimant d'âme, c'est *Hou* (Lui), le Saint, béni soit-Il, symbolisé par le *Vav* du Nom tétragramme en *Tiféréth* au centre du Monde de *Yétsirah*. La lettre *vav* agit comme un lien ou une connexion, sa

---

[67] Cantique des cantiques 1:2.

tâche étant de rétablir la connexion entre le souffle d'en haut (*Binah*) et le souffle d'en bas (*Malkouth*). Dans ce contexte, *Tiféréth*, en tant que Fils, Fiancé ou Bien-aimé, a pour mission de faire descendre le souffle d'amour matriciel de la Mère (*Binah*), tout en éveillant par son attrait le souffle du désir amoureux de la Fille (*Malkouth*), et de les réunir en son cœur.

La Fille, depuis les profondeurs, utilise le peu de souffle dont elle dispose pour moduler des voyelles, animant ainsi les lettres du Feu noir qui semblent éteintes. Ces lettres, portées faiblement vers l'ouverture du puits, peuvent être entendues par le Bien-aimé en *Tiféréth*. Si tel est le cas, il se joint à son chant, apportant un souffle supplémentaire, un supplément d'âme, qui permet au *Shir*, le Chant, d'atteindre la lumière en haut du puits. L'union des deux souffles, symbolisée par les baisers « *de sa bouche* », engendre une revitalisation mutuelle. Cette interprétation pourrait expliquer pourquoi l'ouverture d'un puits est désignée par le terme « bouche ».

LA FIN DES MONDES ET LE TIQOUN

Le Monde *d'Âssiah*, considéré comme la limite de la Création, est associé au Nom divin *Shaddaï*, souvent interprété comme une contraction de l'expression *shéamar daï !* [שֶׁאָמַר דַּי], « *il a dit : Stop !* », ou plus précisément mi *shéamar laôlam daï !* [מִי שֶׁאָמַר לָעוֹלָם דַּי], « *qui a dit au Monde : Assez !* ». Cette interprétation souligne que le Créateur s'adresse spécifiquement au Monde *d'Âssiah*. De plus, l'expression complétée a une *guimatria* de 781, identique à celle de *Torah miSinaï* [תּוֹרָה מִסִּינַי], la *Torah* du Sinaï, et de *Shekhinata* [שְׁכִינְתָּא], la *Shekhinah* en araméen.

Le flux émanant de la lumière est parfois comparé à des eaux, et le Monde *d'Âssiah* agit comme un réceptacle étanche qui empêche tout flux de s'échapper en dessous, où se trouvent les *qlipoth*, considérées comme des scories ou déchets hors de la Création proprement dite. Un *midrash* illustre cette idée en faisant allusion à *Shaddaï* comme le doigt divin qui limite la Création.

« *Les eaux supérieures peuvent être évoquées, etc.* » Il est admis que le Saint, béni soit-Il, a tout créé à partir de rien par la méthode du Merveilleux (*dérék'h pélê*). Mais il pensa que tout serait ensuite soumis aux lois naturelles qu'Il a établies. Et puisque la nature de l'eau est d'être fluide et descendante, il demanda : « *Comment ne pourrait-elle ne pas tomber d'en haut ?* » La nature prit un récipient (*keli*) plein d'eau, percé au bas de petits trous, avec en haut un grand trou.

Lorsque le trou en haut est ouvert, l'eau s'écoule par les trous en bas. Ce n'est pas le cas si le trou du haut est bien fermé, alors l'eau ne coule pas par les trous du bas. La raison dépend de la loi de la Nature. Parce que c'est une grande loi dans la Nature : « Il n'y a pas de vide dans le monde » (*éin réiqouth baôlam* [אֵין רֵיקוּת בָּעוֹלָם]), chaque endroit est rempli, soit de matière, soit d'eau, soit d'air.

Si l'ouverture en haut est béante, alors l'eau fuite en bas, et le récipient se vide de son eau, se remplissant de l'air qui flotte en haut du récipient.

Mais si l'ouverture en haut est bouchée et si le récipient est perforé, l'air n'aura pas de place pour entrer dans le récipient, alors l'eau restera en place, parce qu'il ne reste plus d'espace vide dans le récipient.

Ce que Rabbi Meïr a répondu est également vrai, car la Nature régit tout notre visible, mais même les Eaux supérieures qui ne chutent pas relèvent des lois de la Nature. Il a pris un récipient plein d'eau et l'a couvert d'une feuille d'or et d'argent. Mais l'air trouva un endroit pour se faufiler par les fissures et l'eau a fui. Mais lorsqu'il a bloqué la fissure du récipient avec son doigt, l'air n'a pas pu entrer, donc l'eau n'a pas coulé. De même, les Eaux supérieures, n'ayant pas d'air pour remplir l'espace vide, ne coulent pas vers le bas. Parce qu'Il a mis un terme et une limite (*Shaddaï*) au Monde d'*Âssiah*. Elles ne bougent pas de leur place et ne coulent pas vers le bas, car il n'y a pas d'air pour combler les vides créés par leur absence. Et c'est ce qui est dit du doigt du Saint, béni soit-Il, qui met une fin et une limite à tout ce qui remplit le Monde d'*Âssiah*.[68]

Dans le Monde *d'Âssiah*, le processus de *Tiqoun* (réparation ou restauration) est double. D'abord, il est nécessaire de colmater les fuites pour arrêter de nourrir la *Qlipath Nogah*, qui maintient l'illusion dans ce monde. La *Qlipath Nogah*, majoritairement mauvaise, contient juste assez de bien pour tromper les êtres en *Âssiah*. Ensuite, le *Tiqoun* devient une œuvre de restauration et d'élévation, comparable à la reconstruction du Temple de Salomon : il faut d'abord arrêter la dispersion des pierres et des matériaux essentiels, puis reconstruire patiemment chaque bloc.

---

[68] Yéféh Toar sur Bereshit Rabbah 4:4 - Shmouel Yaffé Ashkenazi.

Chapitre VI

Le Monde des Liens

De l'incolore au multicolore

L'expression *âtoudim haôlim âl-hatson* [עַתֻּדִים הָעֹלִים עַל־הַצֹּאן], « *boucs qui montent sur le troupeau* », est une allusion que l'on peut interpréter, « *les mondes de Ôlam haBa à Ôlam haZéh* ». En effet, *âtoud* [עַתּוּד], « *bouc* », suggère *âtid* [עָתִיד], le futur du *Ôlam haBa*. *Ôlim* [עֹלִים], « *montent* », sous-entend *ôlamim* [עוֹלָמִים], les mondes. Le « troupeau » (*tson*) devient alors une allusion au *Ôlam haZéh*, où s'élève le Mont *Tsion* [צִיּוֹן].

Se basant sur la description du bétail que Jacob élève pour Laban, les maîtres de la Kabbale ont identifié trois mondes très ésotériques, allant *d'Adam Qadmon à Ôlam haAtsilouth*. Ces mondes se distinguent les uns des autres par leur statut et l'état des *sefiroth* qui les composent. Ils portent les noms de : *Âqoudim* [עֲקֻדִּים], *Neqoudim* [נְקֻדִּים], *Beroudim* [בְּרֻדִּים], d'après les versets suivants :

Le messager de *l'Élohim* me dit en rêve : Jacob ! Je dis : Me voici ! Il dit : Lève donc tes yeux et vois ! Tous les boucs qui montent (*ôlim*) sur le troupeau sont incolores (*âqoudim*), pointés (*niqoudim*), grêlés (*broudim*), car, j'ai vu tout ce que Laban t'a fait. Je suis *l'Él* de *Béith-Él*.[69]

Les *âqoudim*, souvent traduits par « rayés » ou « tachetés », représentent des liens ou des ligatures et symbolisent le Monde des Liens. Ce monde est caractérisé par l'unité de toutes choses en un seul *Keli* (Réceptacle), suggérant que la toison du bétail est unicolore.

Les *niqoudim*, signifiant « points », laissent entendre que la toison du bétail est tachetée, évoquant ainsi le Monde des Points. Ce monde fait le lien entre l'unicolore et le multicolore.

Quant aux *beroudim*, ils décrivent des animaux mouchetés, rayés, striés, et renvoient à des éléments multicolores de manière plus générale.

L'expression *âtoudim haôlim âl-hatson* [עַתֻּדִים הָעֹלִים עַל־הַצֹּאן], « *boucs qui montent sur le troupeau* », peut être interprétée comme une référence aux mondes allant de *Ôlam haBa* à *Ôlam haZéh*. En effet, *âtoud* [עַתּוּד], « bouc », suggère *âtid* [עָתִיד], « futur », dans *Ôlam haBa*. *Ôlim* [עֹלִים], « montent », évoque *ôlamim* [עוֹלָמִים], « mondes ». Ainsi, le « troupeau » (*tson*) symbolise *Ôlam haZéh*, où s'élève le Mont *Tsion* [צִיּוֹן].

UN MONDE D'UNITÉ

En *Ôlam haÂqoudim* [עוֹלָם הָעֲקֻדִּים], le Monde des Liens, toutes les *sefiroth* sont intégrées et nouées en un seul *Keli* (Réceptacle), formant une unité sans divisions internes. Dans ce contexte, la notion de « *keli* » est encore embryonnaire, puisqu'il s'agit de la première manifestation de sa « révélation ». Toutefois, la puissance de sa lumière est si intense qu'elle ne permet aucun

---

[69] Genèse 31:11-13

discernement distinct. Le terme « révélation » est en fait peu adéquat pour décrire ce *Keli* unique, qui représente davantage une forme primordiale destinée à être pleinement « révélée » dans le Monde des Points.

Ce monde est donc perçu comme une étape initiale dans le processus de Création, mais son importance est cruciale car sa lumière imprègne de mémoire toutes les lumières qui en émanent. Cette mémoire, exprimée par le terme *ahavah* (amour), est une force d'attraction et d'unité, reliant subtilement les mondes et conférant à chaque entité la capacité d'exister tout en demeurant unie à la Création unique et éternelle : *leôlam*, interprété comme « pour le Monde ». Les fragments de Lumière *d'Ôlam haÂqoudim* présents en chaque âme permettent de ressentir un Amour véritable et un sentiment d'Unité avec le Tout. Les étincelles de ce Monde sont l'ingrédient secret et merveilleux, essentiel à la *Deveqouth*, l'Union mystique, et au baiser ultime.

Ôlam haÂqoudim est considéré comme la dimension du *Ôlam haBa* (Monde à Venir), représentant à la fois l'origine et le but ultime de la Création. « *La racine de l'Atsilouth est l'Arbre de Vie, et tout ce qui existe à partir de là est appelé Ôlam haÂqoudim.*[70] » Selon la terminologie kabbalistique, la Lumière divine des *Âqoudim* émane de la « Bouche d'Adam *Qadmon* » et se déploie jusqu'à son « nombril ».

LE NOMBRE DES LIENS

La *guimatria* 375 *d'Ôlam haÂqoudim* [עוֹלָם הָעֲקֻדִים] illustre effectivement la puissance d'attraction et d'amour de cette lumière. Ce nombre correspond à la valeur de l'expression *ani rotsah ahavah* [אֲנִי רוֹצָה אַהֲבָה], signifiant « je

---

[70] Nathan Sternhartz - *Likoutéi Halakhoth*, Ḥoshén Mishpat, 4:8.

désire l'amour », ainsi qu'à *meshikah* [מְשִׁיכָה], « la force d'attraction. Cette coïncidence numérique met en lumière le lien entre ces concepts et l'essence même d'*Ôlam haÂqoudim*.

Salomon (*Shlomoh* [שְׁלֹמֹה]), reconnu comme l'auteur du *Cantique des Cantiques*, un texte profondément ancré dans les thèmes de l'amour et de l'attraction, est associé à cette valeur guimatrique. Ce Monde, *Ôlam haÂqoudim*, synthétise en lui-même toutes les interrogations et réponses relatives à la Création. La *guimatria* 375 se retrouve également dans la question *Mi bara éléh ? Élohim* [מִי בָּרָא אֵלָּה אֱלֹהִים], soit « *Qui a créé cela ? : Élohim* ». Cette correspondance souligne la nature d'*Ôlam haÂqoudim* en tant que source de Sagesse, car 375 est aussi la valeur numérique de *otsar haḤokhmah* [אוֹצָר הַחָכְמָה], « trésor de la Sagesse ».

LES CONNEXIONS SPIRITUELLES

Le Monde des Liens, *Ôlam haÂqoudim*, repose sur l'idée que les différents plans de la Réalité, ou Mondes, sont interconnectés par un réseau complexe de liens immatériels de Lumière. Chaque *havayah* (existence) et chaque élément au sein de ces Mondes sont unis par ces connexions spirituelles, tissant ensemble toutes les manifestations de la vie. Ces liens ne sont pas seulement fondamentaux pour la compréhension de l'ensemble des Mondes, mais ils constituent également la structure sous-jacente de la Réalité, permettant à chaque *havayah* d'établir des connexions spirituelles avec les autres *havayoth*, avec la nature et avec le divin.

La prise de conscience de ces liens par le kabbaliste, et son travail sur lui-même, lui permettent d'élever sa conscience et sa compréhension de la Réalité. En reconnaissant l'importance du Monde des Liens, il comprend que chaque action, pensée et intention ont un impact sur l'ensemble du réseau, soulignant ainsi la responsabilité individuelle et l'importance de cultiver des valeurs telles que l'Amour et le sentiment d'Unité.

Ôlam haÂqoudim suggère que toutes choses sont connectées par leur participation à la Nature ou à la Substance divine, émanant de l'*Éin-Sof*. Chaque *havayah* est caractérisée par sa nature intrinsèque, et tout ce qui se produit dans les Mondes et dans l'Univers découle de cette nature déterminée. Les liens entre les éléments résultent donc de leur nature propre et de leurs interactions mutuelles. Chaque *havayah* contribue à ce réseau de liens selon sa nature et sa relation avec les autres *havayoth*.

LE KELI DE LUMIÈRE

Le *Keli* unique en *Ôlam haÂqoudim* est une manifestation spécifique d'*Éin-sof-or*, la Lumière infinie. Au sein de ce *Keli*, les dix *sefiroth* sont présentes comme des *havayoth* (existences) individuelles. Chacune de ces sefiroth a conscience de sa propre existence en tant que lumière distincte, mais elles ressentent également un profond Amour et sentiment d'Unité envers le *Keli* lui-même, qui incarne la manifestation globale de la Substance unique d'*Éin-sof-or*.

En d'autres termes, tout ce qui existe – y compris ce qui existera à l'avenir – est une expression de l'*Éin-sof* divin. Chaque *havayah* individuelle est interconnectée avec le reste des Mondes, reflétant cette interdépendance universelle. Dans le *Keli* d'*Ôlam haÂqoudim*, les dix lumières des *sefiroth* sont liées par leur essence commune en tant qu'expressions de l'Infinie Lumière, la Substance unique. Elles maintiennent leur individualité tout en éprouvant une Unité profonde avec les autres lumières qui composent le *Keli*.

L'Amour, dans ce contexte, est une *middah* (qualité ou mesure) fondamentale de la Substance Infinie. Ainsi, tout ce qui existe participe à cet Amour universel. Cela implique que les dix *sefiroth* unifiées dans le *Keli d'Ôlam haÂqoudim* partagent un Amour mutuel et une connexion profonde les unes avec les autres, en tant qu'expressions de la Substance unique de l'Infinie Lumière. Cette interrelation souligne l'unité fondamentale et l'interconnexion de toutes les existences dans le cadre de la Kabbale.

LA LIGATURE D'ISAAC

L'événement biblique du sacrifice d'Isaac par Abraham est une allégorie puissante du concept du Monde des *Âqoudim*. Le terme *vayâaqod éth-Ytsḥaq beno* [וַיַּעֲקֹד אֶת־יִצְחָק בְּנוֹ], « *et lia (yâaqod) Isaac, son fils*[71] », renvoie aux liens d'Isaac, les *âqoudim*, symbolisant le Monde des Liens. Cette narration, souvent interprétée comme une épreuve de foi inconditionnelle, est ouverte à une lecture kabbalistique différente.

Dans le Monde des Points, qui émane du Monde des Liens, la Lumière du *Keli* se diversifie, entraînant des déconnexions, appelées la « Brisure des Vases ». Le travail (l'œuvre) consiste alors à réparer, à restaurer ces connexions perdues, un processus connu sous le nom de *tiqoun*.

Selon la Kabbale, Abraham incarne la *sefirah Ḥesséd* (bienveillance) et Isaac la *sefirah Guevourah* (rigueur). Le lieu du sacrifice, associé à la *sefirah Tiféréth*, est le point de convergence. La réparation de l'Œuvre (*Tiqoun haMaâsséh* [תִּיקוּן הַמַּעֲשֶׂה]) nécessite la réunion de *Ḥesséd* et *Guevourah*,

---

[71] Genèse 22:9.

symbolisant l'équilibre entre amour et justice, pour ouvrir les Portes de *Binah*, la Compréhension.

Joseph Gikatilla explique que :

C'est le mystère de la parole : « *Il prit en sa main le feu et le couteau et les deux marchèrent ensemble*[72] ». Assurément, « *les deux marchèrent ensemble* », parce que l'attribut d'Isaac (*Guevourah*) ne peut marcher sans l'agrément de l'attribut d'Abraham (*Ḥesséd*). C'est le mystère de : « *Élohéi Abraham, Élohéi Isaac et Élohéi Jacob*[73] ». Il n'est pas dit « *et Élohéi Isaac* », comme pour Jacob, pour qu'à l'attribut d'Isaac ne soit pas accordé la même stature, afin que « *Paḥad (peur) Isaac* [פַּחַד יִצְחָק] » dépende de « *Ḥesséd Abraham* ». C'est le mystère de « *et les deux marchèrent ensemble* », car l'attribut d'Isaac n'est pas autorisé à marcher, avant que l'attribut d'Abraham n'ait eu l'opportunité de présenter le mérite (*zekouth*[74]). S'il n'en était pas ainsi, l'attribut Isaac pourfendrait le Monde, et c'est le mystère de : « *Élohim éprouva Abraham* ». Sache qu'Abraham a ligoté (*âqod*) Isaac, afin que l'attribut d'Isaac (*Guevourah*) soit lié (*âqoudah*) aux mains et aux pieds, dominé par l'attribut d'Abraham (*Ḥesséd*)[75].

LA RÉVÉRENCE DIVINE

La Ligature d'Isaac, ou l'*Aqédath Yitsḥaq*, est riche en symbolismes ésotériques, notamment en ce qui concerne le concept du Monde des *Âqoudim*. Dans cet épisode biblique, le geste d'Abraham, en ligotant Isaac, est

---

[72] Genèse 22:6.

[73] Exode 3:6.

[74] *Zekouth* [זְכוּת] est un mérite qui résulte d'une bonne action. Mais prononcé *zakouth* [זַכּוּת], c'est de la lucidité et de la clarté.

[75] Shaâréi Orah – Porte V, sefirah 6.

interprété non seulement comme un acte de foi indéfectible mais aussi comme une expression d'amour profond, mettant en lumière les liens secrets de l'âme.

La *Yrah* [יִרְאָה], généralement traduite par « crainte » ou « révérence », est également liée au verbe « voir », comme le souligne le terme *Yhwh-yiréh* [יְהֹוָה יִרְאָה], « Yhwh-voit ». Cette vision est celle de la Lumière supérieure émanant des Portes de *Binah*, pouvant inspirer à la fois la révérence et la crainte. La *Yrah* est ainsi considérée comme une puissance d'amour illuminant la *Ḥesséd* (bienveillance) d'Abraham.

Joseph Gikatilla explique que :

L'Amour est au-delà de la *Yrah ḥitsonith* [יִרְאָה חִיצוֹנִית] (Vision externe) et la *Yrah pnimith* [יִרְאָה פְּנִימִית] (Vision interne) est au-delà de l'Amour. Par conséquent, *Élohéi Abraham* est le secret de la *Yrah pnimith*, qui est le secret de *Ḥokhmah*, par qui *Guedoulah* (*Ḥesséd*) est renforcée, et qui, durant le ligotage [d'Isaac], a adhéré en elle. Car il est dit : « *Je sais maintenant que tu vois (yeré [יִרְא])*[76] ».[77]

Ce que je traduis ici par « au-delà », évoque l'idée de la « montée », Gikatilla utilise la formulation : *ôlah lemâlah* [עוֹלָה לְמַעְלָה], « montée de l'En-haut ». À partir du texte cité, on peut en conclure que : *Élohéi Issac* est le secret de la *Yrah ḥitsonith*, qui est le secret de *Binah*, par qui *Guevourah* est renforcée. Pour découvrir le mystère de la *Yrah pnimith* et de l'Amour suprême, à la fin de sa vie, Isaac a dû fermer sa vision aux apparences externes, quitte à sembler se laisser leurrer. C'est pourquoi il est écrit : « *Et c'est, quand Isaac fut vieux, la vision de ses yeux*

---

[76] Genèse 22:12.
[77] Shaâréi Orah – Porte IX, sefirah 2.

s'affaiblit.[78] » Privé de la vision externe, il se tourna vers la vision interne.

La *Yrah ħitsonith*, la Vision externe, contemple un amour qui est une forme de joie dépendant des effets environnants. C'est dans ce sens qu'elle est inférieure à l'amour. En revanche, la *Yrah pnimith*, la Vision interne, est indépendante des facteurs externes et contemple un Amour fait d'une joie durable, que l'on appelle *Ħédvah*, une Béatitude qui ne peut être atteinte que dans une Adhésion (*Dveqouth*) aux liens qui connectent la Réalité.

Afin que la *Yrah* révèle l'Amour, une parfaite connexion est nécessaire entre *Ħesséd* et *Guevourah*. Les deux *sefiroth* doivent mutuellement se contempler, c'est-à-dire que la vision externe doit rencontrer la vision externe et vice et versa, afin de n'en former plus qu'une. Cela concerne le mystère des 72 Noms du *Shém haMeforash*. Il est connu que ces 72 noms sont tirés de trois versets de l'*Exode*[79], à partir de l'épisode de l'ouverture des eaux par Moïse. Chacun des versets compte 72 lettres. 72 est la *guimatria* de *Ħesséd* [חֶסָד]. Ce qui fait en tout 216 lettres pour les trois versets, *guimatria* de *Guevourah* [גְּבוּרָה] et de *Yrah* [יִרְאָה]. Ce nombre est également celui de *sod ôlam* [סוֹד עוֹלָם], le secret du Monde, et de *ħibour* [חִבּוּר], la connexion.

CHAPITRE VII

LE MONDE DES POINTS

Ôlam haNeqoudim (עוֹלָם הַנְּקוּדִים), le Monde des Points, illustre le déploiement des dix *Sefiroth* entrelacées au sein du *Kéli* de Lumière Infinie du Monde des Liens. Ce phénomène engendre le processus de la « *Brisure des Vases* » (*Shvirath haKelim*), interprété comme une distillation émanant du *Tohu*. Ce processus a pour conséquence de distinguer les mondes des *havayoth* (existences) divines. Dans son œuvre « *Séfér Qalaħ pitħé Ħokhmah*[80] », le Ramħal (Rabbi Moshé Ħayim Louzzato), s'appuyant sur le *Zohar*, compare ce mécanisme à celui d'un artisan façonnant un réceptacle (*keli* [כְּלִי]) à partir d'une ébauche de bois. Selon lui, le Monde des Points représente l'Artisan, l'*Ouman* [אֻמָּן], une notion étroitement liée à celle d'*émounah* [אֱמוּנָה], signifiant foi et confiance, soulignant ainsi que le Monde des Points incarne la source de toute foi. Le Ramħal explique que :

> *Ôlam haNeqoudim* exprime le processus même de la Création. Tel un artisan qui doit réaliser son œuvre. Il sépare et distingue les différents niveaux de sa pièce. Avant la brisure [des vases], *Or* (lumière) et *Keli* (réceptacle) fusionnaient ensemble dans *Ôlam*

---

haNeqoudim. C'est-à-dire, que le monde entièrement divin de *l'Atsilouth*[81] et les trois mondes des êtres créés étaient une *havayah* (existence) unique…

La dissociation de la lumière et du réceptacle est initiée par le regard de l'artisan, ses mains n'étant que l'instrument de sa volonté. De manière analogue, lors de la Création, ce regard émane des « Yeux d'*Adam Qadmon* », marquant le commencement de la séparation. Le *Keli* se détache alors, émergeant avec toutes ses *middoth*, ses qualités et mesures, déclenchant ainsi le processus de brisure. Le Ramħal précise que :

> *Ôlam haNeqoudim* exprime donc le processus évolutif d'une séparation entre *Or* et *Keli*, qui se manifeste par la restriction de la présence suprême du Monde de *l'Atsilouth* des Mondes des créatures, sans qu'il y ait, pour autant, rupture définitive[82].

La vision des Mondes proposée par le Ramħal diffère légèrement de l'interprétation kabbalistique lourianique traditionnelle, qui voit les Mondes de *Briah*, *Yétsirah*, et *Âssiah* se succéder graduellement à celui d'*Atsilouth*. Pour le Ramħal, *Atsilouth* et les trois autres Mondes émergent simultanément comme une unique *Havayah*, une Substance universelle qu'il désigne par *Ħomér éħad* [חוֹמֶר אֶחָד], ou Matière première, et *Ħomér éħad klali* [חוֹמֶר אֶחָד כְּלָלִי], la Matière première universelle. C'est de là que naissent les spécificités des quatre Mondes, initiées par le Monde des Points. Il affirme : « *Car tout ce qui existe, tant dans l'En haut que dans l'En bas, n'est que diverses manifestations d'une unique réalité.* » La Matière première constitue le fondement de toute Création, corroboré par la guimatria : la valeur numérique de 267

---

[81] Atsilouth n'est que lumière
[82] Séfér Qalaħ Porte XXXI.

pour *Ħomér éħad* correspond également à celle de *merkavah* [מֶרְכָּבָה], le prototype de tout vecteur, et à *Ôlam hagalgalim* [עוֹלָם הַגַּלְגַּלִים], le Monde des sphères. De plus, la *guimatria* de 357 pour *Ħomér éħad klali* évoque *ish élohi* [אִישׁ אֱלֹהִי], l'Homme divin, synthèse de la lumière universelle de tous les Mondes.

LE PHOSPHOPUNCTEUR

Les yeux de l'artisan, dans un sens métaphorique, incarnent sa faculté à percevoir et à comprendre les composants de son œuvre. En scrutant minutieusement chaque élément, il parvient à déterminer avec précision leur position idéale au sein de son espace mental. Cet espace, envisagé comme le domaine de sa création, est le lieu où les idées prennent forme et interagissent.

Chaque élément, tout en étant distinct et unique, est néanmoins composé d'une Substance universelle. C'est cette Substance singulière qui tisse un lien entre tous les éléments, engendrant un réseau de connexions lumineuses.

Une fois que les éléments sont disposés dans cet espace de Création, leur lumière brille intensément, créant des liens lumineux entre eux. Cette visualisation du rayonnement illustre le pouvoir créatif de l'artisan, qui insuffle ainsi vie à son œuvre.

La toile lumineuse (*or réshéth* [אוֹר רֶשֶׁת]) résultant de cette connexion (*ħavraya* [חַבְרַיָא]) peut être assimilée à une structure complexe, un tissu de relations et d'interactions. Elle symbolise la richesse et la diversité des idées se concrétisant dans l'œuvre de l'artisan.

Pour enrichir cette métaphore, l'habillage de cette toile lumineuse peut être envisagé. L'habillage se réfère à la matérialisation de l'œuvre, sa manifestation dans le monde matériel ou spirituel. Si l'objet de l'artisan est matériel, alors l'habillage est *ôr* [עוֹר], une enveloppe physique, offrant une forme tangible visible et palpable, désignée par *ôr réshéth* [עוֹר רֶשֶׁת] (résille de peau). À l'inverse, si l'objet est une parole ou un son, l'habillage prend une forme vibratoire ou spirituelle. Dans les deux cas, cela constitue un *davar* [דָּבָר], terme signifiant à la fois « chose » et « parole ».

Dans cette perspective, le kabbaliste cherche à appréhender les multiples dimensions de l'Œuvre, en liant les éléments individuels au sein d'un ensemble cohérent. Il aiguise sa perception spirituelle pour saisir les connexions lumineuses entre les éléments, révélant la Substance unique qui est à la base de toute Création, lui offrant sa *Merkavah*.

L'unicité de la Substance première universelle ne permet pas de distinguer entre le bien et le mal. Ainsi, *Ôlam haNeqoudim* précède l'Arbre de la Connaissance du bien et du mal. Le Ramḥal souligne que :

> Cette matière n'est universelle (*klali*) que lorsqu'elle maintient toutes les spécificités en une homogénéité informelle. C'est ainsi que tout ce qui a été créé, ne l'a été que pour la Gloire du Créateur, selon le principe de : « *Yhwh a tout fait pour Lui-même*[83]. » Toutes les existences (*havayoth*), bonnes et mauvaises, y sont incluses, car tout ce qui existe n'est qu'une seule réalité de la Création pour participer au dévoilement de l'Unité et de la Gloire d'*Éin-Sof*[84].

Il affirme que toutes les *havayoth*, depuis le Monde de *l'Atsilouth* jusqu'à la moindre créature de *l'Âssiyah*, sont indispensables à la manifestation de l'Unité *d'Éin-sof*.

---

[83] Proverbes 16:4.
[84] Séfér Qalaḥ Porte XXXIX.

Ce qui se dévoile à travers les lumières des yeux, ce sont les directives divines s'exprimant dans le temps conjointement aux créatures, en fonction de leur essence commune.

Le Monde des points précède la brisure ; la Création se divise sous l'effet de la pression infinie sur les parois des *kelim*, entraînant leur rupture et initiant les principes du bien et du mal. La rupture et la chute, désignées par *Shvirath haKelim* [שְׁבִירַת הַכֵּלִים], résultent d'un déséquilibre. Ce monde est à l'origine de toutes formes de destruction. Le bien et le mal coexistent, régis par une loi unique, *ḥoq éḥad* [חֹק אֶחָד].

LE MONDE DU TOHOU

La Lumière dans *Ôlam haNeqoudim* a engendré une instabilité, un *Tohou*, d'une complexité déconcertante, qui a conduit à la rupture des *Kelim*. Ces vases, destinés à contenir les lumières et tout juste formés, étaient d'une finesse extrême, dépourvus de matière, entièrement issus d'Éin-Sof-Or. Incapables de soutenir le dynamisme intense des lumières en quête de leur place, les *Kelim* se sont fracassés.

Cette « pression infinie » est à l'origine de l'émanation première des *sefiroth*, qui orchestrent le monde. Elle émerge des yeux d'*Adam Qadmon*. La formation initiale des *Kelim* ne respectait pas l'agencement structuré en trois colonnes, habituellement reconnu. Ce stade est désigné *Ôlam ha-Tohou* [עוֹלָם הַתֹּהוּ], le Monde du Chaos, illustré par les « Rois en Édom » ou « *Melakim Qadmonim* » [מְלָכִים קַדְמוֹנִים], les rois ancestraux.

Ôlam ha-Tohou initie le processus de la Brisure des Vases, appelant de ses vœux un *Ôlam haTiqoun* [עוֹלָם הַתִּקּוּן], le Monde de la Rectification. Les Yeux d'*Adam Qadmon*, évoqués dans les textes comme les yeux des colombes scrutant les courants d'eau, sur lesquels flotte la

Rouaħ Élohim, symbolisent cette transition. Avec *Ôlam ha-Tohou*, la lumière des « yeux » se disperse, éclate, brisant les *Kelim*. Dans *Ôlam haTiqoun*, les « yeux » des créatures s'attellent à la réparation des *Kelim*, les enveloppant d'un regard empreint de Sagesse et d'Intelligence, leur conférant une structure stable. Le Malbim[85], commentant le verset 12 du chapitre 5 du Cantique des cantiques, affirme que :

> Tous les mondes sont le reflet de sa gloire et de sa sublime sagesse, et tout se trouve dans la Source des Sources (*Maqor hameqoroth*), d'où cela se révèle à l'extérieur, et ils sont comme les « *yeux des colombes* » (*êinaïv kionim*) qui veillent sur leurs petits. Ils se tiennent donc sur des « *ruisseaux des eaux* » (*apiqéi mayim*). Les eaux sont une métaphore de l'existence, comme il est dit : « *Et la Rouaħ Élohim vibrait sur les faces des eaux* », et les « *ruisseaux des eaux* » sont le début de l'existence et leur source cachée, où se tiennent les yeux de sa Providence, les yeux de la *Ħokhmah* et de la *Binah*. Et ils se baignent dans le lait, car de même que le sang coagule et devient lait, de même *Ôlam ha-Tohou* s'est transformé en *Ôlam haTiqoun* à travers les yeux de ceux qui savent, connaisseurs de *Binah*. Et ils reposent sur la plénitude du tout (*kol*) et du bien (*tov*), comme il est dit : « *Élohim vit <u>tout</u> ce qu'il avait fait, et voici que c'était très <u>bon</u>* ».

Ôlam ha-Tohou participe au processus de la *Maâsséh Beréshith*, la Création, tandis qu'*Ôlam haTiqoun* vise à rectifier les *Kelim* et leurs *Partsoufim*, s'inscrivant dans la *Maâsséh Merkavah*, la Char céleste.

---

[85] Rabbi Meir Leibush Ben Yehiel, 1809-1879, Ukraine.

Cette dynamique souligne une dualité essentielle entre *Or* (Lumière) et *Tohou* (Chaos), où l'un ne saurait exister sans l'autre. Le *Tohou* représente l'aspect imprévisible et destructeur *d'Ôlam*, alors que la Lumière, émanant des « Yeux » d'*Adam Qadmon*, symbolise la créativité et l'essence vitale. Ainsi, par la lumière de leurs « yeux », les *havayoth* jouent un rôle crucial dans la restauration de l'harmonie, en mobilisant la force réparatrice nécessaire pour contenir et remédier aux effets du Chaos, permettant à la Création de se perpétuer à travers le *Tiqoun Ôlam*. Les *havayoth*, gardiennes de l'équilibre entre la Lumière créatrice et le Chaos destructeur, sont invitées à prendre conscience de leur fragilité et de l'instabilité ambiante, développant une force réparatrice puisée dans leur essence et leur environnement pour contrer les effets du Chaos. Ce dernier, bien qu'apparemment destructeur, peut aussi être source de réparation, offrant l'opportunité de dépasser les limitations et d'ouvrir de nouvelles perspectives de créativité et d'intuition. Cela invite à accepter l'impermanence, à lâcher prise et à faire confiance au processus de transformation intérieure.

LES ROIS PRIMITIFS EN ÉDOM

Dans *Ôlam ha-Tohou*, des mondes et des existences se sont formés, caractérisés par leur instabilité et leur vulnérabilité face à l'infinie puissance de la Lumière. Les créatures issues de cet environnement chaotique se trouvaient souvent imparfaites, souffrant de diverses limitations. Ces imperfections sont allégoriquement décrites comme la brisure et la chute des *Kelim*. Le *Livre de la Genèse* évoque allusivement cette phase à travers le verset mentionnant les *Rois* qui ont régné en *Édom*, avant l'avènement d'un Roi parmi les Fils d'Israël. Le *Séfér haZohar II*, dans la *Sifra diTsenioutha* (*Livre de la Pudeur*), interprète ces Rois comme des créations primitives, antérieures à l'établissement de l'équilibre, qui n'ont pas survécu dans Ôlam ha-*Tohou* et ont été perdus.

Avant qu'il n'y ait la *Matqla* [מַתְקְלָא] (Balance), il n'y avait aucun regard des Faces dans les Faces. Les Rois primitifs (*Malkin qadmaïn* [מַלְכִין קַדְמָאִין]) moururent et leurs couronnes furent perdues. La terre se retrouva vide. Jusqu'à ce que la Tête désirée parmi les désirées, fut revêtue et renforcée des vêtements les plus précieux. Cette *Matqla* fut suspendue (*taléi* [תָּלֵי]) en un lieu où elle ne se trouvait pas à l'origine. Avec elle, furent pesées les âmes dans les corps, ainsi que celles qui n'existaient pas encore. Elle pesa ce qui n'était pas, ce qui est et ce qui sera.

Le *Zohar* développe ensuite le thème des principes masculin et féminin, *Abba* et *Imma* (Père et Mère), dont l'union permet de former l'œuvre ultime, mêlant Mâle et Femelle, stabilisant les étincelles éphémères. Cette union produit une étincelle immense, catalysant l'émergence des mondes primitifs grâce à l'Air subtil et à l'éclat adouci par l'union d'*Abba* et *Imma*.

Par la suite, l'artisan donna forme à son œuvre, à savoir Mâle et Femelle, grâce à cela, les *Ziqin* (gerbes) éteintes, toutes choses subsistèrent. À partir de la « Lampe obscure » (*Boutsina diqardinouta* [בּוּצִינָא דְקַרְדִינוּתָא]) jaillit une immense étincelle, puissante comme un marteau, qui fit surgir les gerbes des Mondes primitifs. Elle se mêla à l'Air subtil (*Avira dakia* [אֲוִירָא דַכְיָא]) et leur éclat s'adoucit lors de l'union d'*Abba* et de *Imma*.

Hou, « Lui », le sanctifié, émerge de cette union, chaque étincelle d'existence pouvant alors se spécifier et se désigner par le Nom *Hou*.

Hou est *Av* (Père), *Hou,* issu de la *Rouaħ,* cachée dans l'Ancien des jours (*Âtiq yomin* [עַתִּיק יוֹמִין]), dans lequel se cache l'Air [subtil]. Il est relié à l'étincelle (*nitsotsa*) qui sort de la « Lampe obscure », dissimulée au sein de *Imma*. Lorsque les deux peuvent s'unir et se joindre, surgit un Crâne rigide qui s'étend des deux côtés, de sorte qu'il y ait une part pour chaque côté.

Les Rois en Édom incarnent la chute des *Sefiroth* d'*Ôlam ha-Tohou,* avec certains auteurs proposant de correspondre l'ordre des Rois et des *Sefiroth,* bien que les noms des Rois reflètent plutôt des qualités spécifiques des *Sefiroth* lorsqu'inversés, suggérant que la première étincelle tombée accueille les suivantes dans un ordre précis, débutant par *Malkouth.*

1. **Bélâ bén-Beôr** [בֶּלַע בֶּן־בְּעוֹר] – *Malkouth.*
2. **Yovav bén-Zéraħ** [יוֹבָב בֶּן־זֶרַח] – *Yessod.*
3. **Ħousham** [חֻשָׁם] – *Hod.*
4. **Hadad bén-Badad** [הֲדַד בֶּן־בְּדַד] – *Netsaħ.*
5. **Samlah** [שַׂמְלָה] – *Tiféréth.*
6. **Shaoul** [שָׁאוּל] – *Guevourah.*
7. **Baâl Ħanan** [בַּעַל חָנָן] – *Guedoulah* (*Hesséd*).
8. **Hadar** [הֲדַר] – *Daâth* (dans le sens où *Daâth* résulte de l'union d'*Abba* et d'*Imma,* ou *Hokhmah* et *Binah*).

Cette narration souligne le processus de chute et de réparation dans la dynamique de création, mettant en lumière le rôle crucial de l'équilibre, de la rectification (*Tiqoun*), et de l'union harmonieuse des principes masculin et féminin dans la stabilisation et la pérennité de l'existence.

Chapitre VIII

Le Monde des Grêlons

La foi et le courage font avancer avec confiance même si nous ne comprenons pas tout de l'incohérence d'un environnement hostile qui ne cesse de se briser sous l'impact des grêlons. Malgré cela, il est impératif de toujours puiser en soi la force de continuer à apprendre et à grandir. Même si nous commettons des erreurs, nous pouvons toujours trouver le pardon et la rédemption, pour réparer ces erreurs. Même si nous souffrons, nous pouvons toujours raviver la joie et l'amour. *Ôlam habaradim* nous appelle à concentrer nos pensées, nos émotions et nos actions, à persévérer pour accéder à la source de toute souffrance et de toute douleur, jusqu'à réaliser que chaque *havayah* est à l'origine de sa propre souffrance et de sa propre douleur. Il est donc nécessaire de changer ses pensées, ses émotions et ses actions pour transformer sa vie, avec persévérance et pugnacité.

Nathan Sternharts écrit :

Après cela, même si tous les raisonnements et les analyses avancés initialement ne se sont pas réalisés et se sont brisés, il faut néanmoins continuer à se renforcer, à se reprendre et à se clarifier, afin d'en tirer des points positifs et des raisonnements justes disséminés parmi ces erreurs. Et ajouter à ceux-ci une nouvelle connaissance, pour les connecter et les assembler, jusqu'à ce que la construction et la rénovation soient complètes, conformément à leur vérité. C'est la notion du *Ôlam hatiqoun*, qui est celle du *Ôlam habaradim*.[86]

Beroudim [בְּרֻדִּים] ou *baradim* [בָּרֻדִּים] est la troisième appellation que Jacob et Laban utilisent pour classer et distinguer leurs troupeaux dans leur comptabilité pastorale, ce qui reflète en bas les mystères des mondes secrets d'en haut.

Tous les boucs qui s'élèvent (*ôlim*) sur le troupeau sont *âqoudim, niqoudim, beroudim*.[87]

D'une manière très comptable, on pourrait traduire ceci par : attachés (*âqoudim*), notés (*niqoudim*), marqués (*beroudim*).

Le singulier de *beroudim* est *barod* [בָּרֹד]. Ainsi vocalisé, le mot se réfère aux animaux et signifie : multicolore, moucheté, tacheté, rayé, marqué, grêlé. Mais vocalisé *barad* [בָּרָד], c'est de la grêle et les *baradim* [בָּרָדִים] sont des grêlons. Le mot apparaît souvent dans le *Livre de l'Exode*, pour décrire le fléau de la grêle sur l'Égypte : *barad kavéd meod* [בָּרָד כָּבֵד מְאֹד], « *une grêle très lourde*[88] ». C'est pourquoi l'on peut dire *Ôlam haBeroudim* [עוֹלָם הַבְּרֻדִּים] (Monde des stries) ou *Ôlam habaradim* [עוֹלָם הַבָּרָדִים] (Monde des Grêlons). Les deux formes s'écrivent exactement de la même manière, seule la vocalisation diffère.

---

86 Likoutéi Halakhoth, Ḥoshén Mishpat, Lois relatives à une personne atteinte d'une maladie mortelle 4:8.
87 Genèse 31:11-13
88 Exode 9:18.

La pluie qui est tombée sur l'Égypte était caractérisée par de violentes tempêtes de grêle, ressemblant à des stries, accompagnées d'éclairs et de tonnerres destructeurs. Cela peut être interprété comme un effet résultant de la *Brisure des Vases* causée dans le *Monde des Points*, qui doit être réparée dans le *Monde des Grêlons*.

Dans la Torah, la grêle et les braises ardentes figurent la colère divine, évoquant peur et réflexe de se cacher, influencés par les *qlipoth* et le *yétsér*. Toutefois, le Monde des Grêlons demande courage, héroïsme (*guibor*) et foi (*émounah*) pour surmonter les épreuves, animés d'une intense *kavanah*, en vue de la réparation.

La notion de chute, symbolisée par la grêle lourde (*barad kavéd meod*), renvoie à une perte de dignité, rappelant l'importance de retrouver une stature noble (*étsel*) dans l'*Atsilouth*. *Kavéd*, signifiant lourd, important, et *kavod* (respect, dignité), liés au Trône de Gloire (*Kissé haKavod*), sont essentiels à la réparation (*Tiqoun*), avec *kavéd* et *kavod* évoquant respectivement l'Être infini (*Yhwh*) et les trente-deux sentiers de la Sagesse.

La foi et le courage sont cruciaux pour avancer malgré les difficultés d'un monde en constante mutation. Il est vital de continuer à apprendre, à grandir, à trouver pardon et rédemption, et à réparer nos erreurs, en cherchant toujours à raviver la joie et l'amour. Le *Ôlam habaradim* nous incite à persévérer pour atteindre la source de nos souffrances, en changeant nos pensées, émotions, et actions pour transformer notre vie.

Nathan Sternharts souligne l'importance de se renforcer, de se reprendre, et de clarifier nos pensées pour en extraire des éléments positifs et des raisonnements justes, même face aux erreurs et aux déceptions.

Après cela, même si tous les raisonnements et les analyses avancés initialement ne se sont pas réalisés et se sont brisés, il faut néanmoins continuer à se renforcer, à se reprendre et à se clarifier, afin d'en tirer des points positifs et des raisonnements justes disséminés parmi ces erreurs. Et ajouter à ceux-ci une nouvelle connaissance, pour les connecter et les assembler, jusqu'à ce que la construction et la rénovation soient complètes, conformément à leur vérité. C'est la notion du *Ôlam hatiqoun*, qui est celle du *Ôlam habaradim*.[89]

LE MONDE DE LA RÉPARATION

Ôlam habaradim [עוֹלָם הַבָּרָדִים] (ou *Beroudim*) est également appelé *Ôlam haTiqoun* [עוֹלָם הַתִּקּוּן], le Monde de la rectification. Sa fonction est de réparer les brisures des *kelim* qui se sont produites dans le *Monde des Points*, car les *sefiroth* y sont en voie d'annulation et d'intégration, puisqu'elles cèdent la place les unes aux autres.

Dans le *Monde des Âqoudim*, les *sefiroth* réunissent leurs spécificités en un *Keli* (réceptacle). Dans le *Monde des Neqoudim*, elles se différencient en *kelim* (réceptacles) et reçoivent individuellement la lumière. La différenciation a pour effet d'affaiblir les réceptacles et de les fragiliser au point que la puissance de la Lumière en vienne à partiellement les briser et à provoquer une chute. Le Monde des *Baradim* est alors celui de la retenue de la chute et de la réparation des *kelim*. Le *raâ* (mal) y est dominant, car à ce stade, la *Brisure* a placé la Création sous l'influence du « *raâ* » (mal).

Il faut rappeler que la racine bilitère *raâ*, avant de désigner le mal décrit la « cassure » et la « dispersion ». C'est l'image du « berger », le *roêh* [רוֹעֶה], issu de cette

---

[89] Likoutéi Halakhoth, Ḥoshén Mishpat, Lois relatives à une personne atteinte d'une maladie mortelle 4:8.

racine, qui fait « paître » sereinement (*raâh* [רָעָה]) son troupeau (*marîth* [מַרְעִית]) et dont le rôle est de prémunir le troupeau de la « brisure ». Au moindre stress, le troupeau se brise et s'éclate. Lavan et Jacob étaient des bergers et l'organisation de leurs troupeaux reflétait l'image des mondes supérieurs. Lorsqu'un troupeau, poussé par un instinct primaire (*yétsér bessissi*), se brise et se dissémine, il appartient au berger de l'apaiser pour lui permettre de surmonter son instinct, afin de rendre possible son *tiqoun*. Il en va de même pour chaque *havayoth* et pour toutes les structures de la Création. C'est pourquoi le Pasteur, qui guide les âmes vers la Sagesse dans le *Séfér haZohar*, est appelé en araméen : *Raâya meħéimna* [רַעְיָא מְהֵימְנָא], « Pasteur fidèle », ou *Roêh nééman* [רוֹעֶה נֶאֱמָן], en hébreu. On pourrait également le traduire par : « Berger qui donne confiance », ou « Berger qui apporte la foi ». Il est intéressant de noter que la *guimatria* 427 de *Raâya meħéimna* est identique à celle de *roêh hatson* [רוֹעֶה הַצֹּאן], pâtre de brebis.

Le *Monde du Tiqoun* renferme le secret qui anime la parole : *Ki yétsér lév haAdam raâ minoûraïv* [כִּי יֵצֶר לֵב הָאָדָם רַע מִנְּעָרָיו] « *Car le penchant (yétsér) du cœur de l'Adam est « mal » (ou cassure : raâ) dès son adolescence[90]* ».

Cela signifie que l'humain naît dans un monde brisé, dominé par le mal résultant de la *Brisure*, et que son *yétsér*, son penchant naturel, l'oriente vers le *raâ*. Car lui-même est brisé. C'est un penchant (*yétsér*) sans honneur (*kavod*), qui l'incite instinctivement à privilégier sa survie au détriment de celle d'autrui, provoquant la dissémination des individualités. À ce stade, chaque *havayah* est amnésique et se prend pour la *qlipah* dont elle

---

[90] Genèse 8:21.

tire un modèle, tel un oison qui pense que la première personne qu'il voit est sa mère et la suit.

Tout comme une *qlipah* retient la lumière sans la restituer, *l'havayah* brisée se durcit et se retranche dans un fort ego qui l'incite à se nourrir de son propre égoïsme. Le rôle du Berger consiste alors à lui apprendre à vivre et à partager avec autrui, à faire preuve de « noblesse » et « d'honneur » (d'*atsilouth* et de *kavod*). L'apaisement du troupeau qui paît en paix, efface l'ego et son égoïsme, enclenchant naturellement le processus évolutif du *Tiqoun*. Sa nourriture est l'*émounah*, la foi ou la confiance. Un contemplatif en méditation est comparable à un ovin qui se délecte paisiblement de l'herbe des pâturages de la foi, sous la houlette de son Berger. Le troupeau et le Berger doivent faire preuve d'une confiance mutuelle sans faille (manque ou brisure). Le Psaume chante : *Yhwh roîi lo éĥssar* [יְהוָה רֹעִי לֹא אֶחְסָר], « *Yhwh est mon Berger, je ne manque de rien* », *binoth déshé yarbitséni âl-méi menouĥath yenaĥaléni* [בִּנְאוֹת דֶּשֶׁא יַרְבִּיצֵנִי עַל־מֵי מְנֻחוֹת יְנַהֲלֵנִי], « *Il me fait reposer dans de verts pâturages, vers l'eau paisible il me guide*[91]. »

Cependant, cette quiétude dépend de l'acceptation de l'autre et de la disparition de l'égoïsme, afin de former un troupeau harmonieux. C'est pourquoi le *Lévitique* exhorte : *Ahavtha leréâk'a kamok'a* [אָהַבְתָּ לְרֵעֲךָ כָּמוֹךָ], « *Tu aimeras ton prochain comme toi-même !*[92] » Le « prochain » dont il est question ici est le *réâ* [רֵעַ], qui est un ami, un camarade, un voisin, ou autrui. Le mot est troublant, car il s'écrit comme *râ* [רַע], le mal qui brise et alimente le mauvais penchant (*yétsér harâ*). Dans le langage biblique, *réâ* est aussi l'idée que l'on se fait de soi ou d'autrui. Ainsi, l'axiome du *Lévitique* possède de multiples niveaux

---

[91] Psaumes 23:2.
[92] Lévitique 19:18.

de lecture. Il nous dit qu'il faut aimer sa part de mal comme soi-même, d'accepter la brisure de l'autre comme sa propre brisure, d'admettre l'idée que l'on se fait d'autrui comme on tolère l'idée que l'on se fait de soi. Nombre d'autres interprétations sont ouvertes.

N'oublions pas la nécessité du *Kavod*, l'honneur, le respect et l'estime, que le rabbi Yeshouâ de Nazareth, citant le *Lévitique*, rappelle avec sagesse en associant le quatrième commandement : « *Respecte (kavéd) ton père et ta mère, aime ton prochain (réâ) comme toi-même[93].* » Tous les éléments du *Tiqoun* sont présents : *Kavod, Ahavah, Raâh* [כָּבוֹד אַהֲבָה רְעָה] : Honneur, Amour, Guidance (amitié). Le mot *raâh* est ambigu, car il signifie tout à la fois « faire paître », « guider » et « mal » ou « iniquité ». Cela indique qu'un sens peut instantanément muter en un autre. C'est *Kavod* et *Ahavah* qui orientent *raâh* vers la quiétude et lui accordent son sens positif. De plus, la *guimatria* de *Kavod, Ahavah, Raâh* [כָּבוֹד אַהֲבָה רְעָה] est 320, identique à celle de *naâr* [נַעַר] : adolescent.

Le verset de la *Genèse* utilise le mot *naâr* [נַעַר], « adolescent », « jeune ». Mais *naâr* est aussi le verbe « braire » (ou brailler), qui est la première expression orale du *yétser*. Il faut observer que le mot *naâr*, contient les lettres de *raâ* inversées. Lu à l'envers, *naâr* devient *raân* [רְעָן], qui est un pâturage verdoyant et luxuriant. C'est de l'herbe fraîche.

Ce même verset mentionne *lév ha-adam* [לֵב הָאָדָם] (cœur de l'humain), qui est une allusion aux 32 Sentiers de Ḥokhmah et aux 50 Portes de *Binah*. En effet, *lév* [לֵב] compte une *guimatria* de 32 et *haAdam* [הָאָדָם] une *guimatria* de 50. Les 50 Portes sont celles de l'expérience collective de l'humanité et les 32 Sentiers sont l'expérience

---

93 Matthieu 19:19.

individuelle dans le cœur de chaque existence. Mais sentiers et portes sont brisés et disséminés dans chaque *havayah*, tel un puzzle. Le *Tiqoun* est donc à la fois une œuvre individuelle et collective.

Le Monde du *Tiqoun*, et donc le Monde des Grêlons, structure le Visage restreint (*Zéîr anpin*) et représente l'aspect arrangé et réorganisé des *Partsoufim* (Personnifications) que la *Brisure* avait séparés et déconnectés. Le *Tiqoun* les réconcilie, les reconnecte et rétablit le Face à Face perdu, en tissant une résille (*réshéth*) dont chaque fil diffuse la lumière et le *shefâ*.

Ôlam haTiqoun restructure le Monde des Points, à partir d'une émanation qui jaillit du front d'*Adam Qadmon*. Le processus de réparation est identique pour les Mondes créés et les *havayoth* (existences), une œuvre que chaque *havayah* se doit d'accomplir en cohérence avec les autres et leur environnement. « *Rabbi Jacob a dit : Le Ôlam haZéh est semblable à un vestibule (prozdor) avant le Ôlam haBa. Le Tiqoun de toi-même, dans le vestibule, te fait entrer dans la salle du banquet (tarqlin)*[94] »

Le *Yétsér hatov* (bon penchant) se nourrit de qualités telles que l'honneur, l'amour et la fraternité, sources de joie et de bien-être, conduisant à l'union. En revanche, le *Yétsér harâ* (mauvais penchant) se nourrit d'éléments négatifs, tels que la haine et la colère, qui conduisent à la souffrance, à la tristesse et à la désunion. Ainsi, en cultivant les qualités du *Yétsér hatov* et en développant des relations avec autrui, on contribue au *Tiqoun haÔlam* [תִּקּוּן הָעוֹלָם] (réparation du monde) et à l'amélioration des consciences. L'ensemble des existences est comparable à un troupeau dispersé de moutons en errance sous l'effet d'une forte grêle. À moins que la force du groupe et la

---

[94] Pirkéi Avot 4:16.

solidarité permettent de surmonter les épreuves individuelles et de créer un environnement propice à l'épanouissement collectif. C'est pourquoi Baruch Spinoza a déclaré que « *l'humain (ha-adam) est essentiellement un être social*[95] » et que ses émotions et ses comportements sont influencés par son environnement social. C'est l'attribut mystique de *Knesséth Israël*, que résume la *sefirah Malkouth*. *Malkouth-de-Astilouth*, précise la Kabbale lourianique.

LA DESCENTE DANS LES CIEUX

Nous avons vu que *barod* [בָּרֹד] désigne un animal multicolore, rayé ou grêlé. Prononcé *barad* [בָּרָד], cela signifie la grêle. Les trois lettres forment le mot *davar* [דָּבָר], qui signifie tout à la fois la « parole » et la « chose ». Car il est essentiel d'accorder la chose créée avec la parole qui la nomme, sinon un conflit apparaît, nourrissant le *Yétsér harâ* avec la colère, la dispersion, la souffrance, la maladie et la tristesse qu'il fait naître. Lorsque la parole et la chose qu'elle désigne ne sont pas en accord, une tension se produit avec toutes les conséquences qu'elle entraîne.

C'est pourquoi, un kabbaliste tel qu'Abraham Aboulâfia œuvra pour rectifier la parole, afin de réparer le Monde et les consciences. Il remarqua que la *guimatria* 707 de *Tiqoun haÔlam* [תִּקּוּן הָעוֹלָם] correspond à celle de *marpé lashon* [מַרְפֵּא לָשׁוֹן], qui est un langage guérisseur et apaisant, comme celui du Berger qui guide son troupeau vers un Monde-à-Venir. L'allusion qui conclut le *Cantique des cantiques* : *Âl haréi bessamim* [עַל הָרֵי בְשָׂמִים], « *sur les monts aromatiques* », a aussi une *guimatria* de 707. *Bessamim*

---

[95] Éthique démontrée selon l'ordre géométrique - Partie III : *De l'origine et de la nature des affects.*

[בְּשָׂמִים] (arômes) peut se lire *bashamayim* [בַּשָּׁמַיִם] (dans les cieux).

La marque de la chute, due à la *Brisure*, est indiquée dans le mot *barad* [בָּרָד] lui-même, car par sa nature la grêle « descend ». C'est le *rad* [רד] de *barad*, qui est le verbe « tomber », « descendre », surtout utilisé pour la nuit et l'obscurité. Par conséquent, *barad*, peut se lire *ba-rad* : « en descente ». *Ôlam Baradim* (ou *beroudim*) devient alors un « Monde de descentes », semblable à des chutes de grêlons.

Rad, forme le verbe *yarad* [יָרַד] : descendre, diminuer, tomber (pluie, neige, grêle). *Rad* initie le *radoud* [רָדוּד] qui est quelque chose de superficiel, telle la neige qui se pose en superficie, à l'image des émotions, des idées, des imaginaires… dont la vérité se dissimule plus en profondeur. Pour traverser les effets et découvrir la cause, il faut « descendre » bien plus en profondeur. Celui qui se livre à cette descente vers la réalité s'appelle un *yoréd* [יוֹרֵד], terme qui de nos jours désigne quelqu'un qui émigre en terre sainte.

Dans la mystique, un *yoréd* est un adepte qui met en application des méthodes contemplatives, avec la volonté de descendre en lui-même pour explorer et éclairer ses zones les plus obscures. Symboliquement, il traverse sept palais, sept terres, sept cieux inexplorés de sa conscience, afin de les illuminer et de les connecter les uns avec les autres. Mais l'adepte peut réussir ces connexions internes, seulement s'il a auparavant réussi à se connecter avec autrui, avec ses *havérim*, ses compagnons engagés comme lui sur le chemin spirituel. *Havér* [חָבֵר] est un ami, un compagnon, mais aussi une connexion. Ce mot est tout à la fois synonyme de *raâh* (ami) et de *tséirouf* (combinaison). Le mot *havér* répare la *Brisure* en reconnectant tous les éléments éparpillés.

L'ensemble des palais, des cieux et des terres explorés forme une *Merkavah* (Char), telle que décrite par le prophète *Ézéchiel* dans son livre. C'est pourquoi, ces adeptes sont appelés *Yordéi Merkavah* [יוֹרְדֵי מֶרְכָּבָה], les « descendeurs du Char ». En ce sens, les *Yordéi Merkavah* sont des *Baâléi habarad* [בַּעֲלֵי הַבָּרָד], maîtres de la grêle. Cela implique une grande pureté, car une tache blanche grande comme une bille de grêle interdisait autrefois l'accès au Sanctuaire.

Chacune des qualités positives que cultive le *yoréd* stimule le *Yétsér hatov* et lui fabrique une *merkavah* avec laquelle il peut progresser dans la grande *Merkavah* qui supporte le *Kissé haKavod*, le Trône de Gloire.

La *Merkavah* individuelle composée des qualités positives, offre une protection de l'essence de vie, essentielle pour reformer l'adepte dans ce Monde-ci, comme un mot magique permettant de recouvrer ses esprits. Telle l'Arche de Noé, dont le nom *tévah* [תֵּבָה], qui signifie aussi « mot », a une valeur de 407 identique à celle de *Ôlam habaradim* [עוֹלָם הַבָּרָדִים], le Monde des Grêlons.

CHAPITRE IX

LE MONDE DES EXISTENCES

Le monde connu sous le nom d'*Ôlam haHavayoth* [עוֹלָם הַהֲוָיוֹת], ou Monde des Existences, est également appelé plus spécifiquement *Ôlam haHoushim* [עוֹלָם הַחוּשִׁים], ce qui signifie Monde des Sens. Issu de la chute et de la séparation, c'est dans cette dimension que les êtres existent, se développent et se renouvellent. Contrairement à ce que pourrait laisser entendre son nom, ce n'est pas tant un monde voué à la vie en elle-même qu'un espace consacré à la survie et à la persévérance.

LE MONDE DES EXISTENCES ET SON CARACTÈRE RÉFLECTIF

Cette dimension est dépourvue de connexion directe avec la Lumière de l'Arbre de Vie, n'ayant accès qu'au reflet de la lumière émanant de l'Arbre de la Connaissance du Bien et du Mal. Le monde agit tel un miroir inversé : il peut soit refléter la lumière, soit l'absorber. Lorsque la lumière est renvoyée, elle repart vers sa source, offrant aux âmes une opportunité de s'échapper de leur prison réflective, de s'élever et d'atteindre la véritable lumière du Trône de Gloire (*Kissé haKavod*). En revanche, si le miroir capture la lumière sans la renvoyer, il la conserve et l'inverse, entraînant ainsi le renversement des âmes et les éloignant de la vraie Lumière. Elles se retrouvent alors sous l'emprise des mondes dissociés et fragmentés, contraintes à une lutte constante pour leur survie, parfois de manière encore plus ardue. Cette inversion transforme la joie en tristesse, comme illustré par le verset : *harbah arbéh îtsvonék'* [הַרְבָּה אַרְבֶּה עִצְּבוֹנֵךְ], « *je multiplierai beaucoup ta tristesse*[96] ». Là se trouve l'origine de la « Guerre des Trônes » opposant le Trône de Joie au Trône de tristesse. C'est pourquoi, le *Séfér haZohar* dit : « *La Shekhinah ne réside pas dans un lieu triste (étsév* [עֶצֶב]*), mais dans un lieu baigné de Joie (ħédvah* [חֶדְוָה]*)* ![97] » La joie est associée à l'atteinte d'une perfection supérieure ou à l'augmentation de notre capacité d'action, tandis que la tristesse émane de la réduction de cette perfection ou capacité. L'éloignement de la véritable Lumière (ou de la Connaissance authentique) est lié à la tristesse, car il diminue notre capacité d'action.

LA LUMIÈRE, LE MIROIR, ET LA DUALITÉ DE LA JOIE ET DE LA TRISTESSE

La notion de chute, de séparation et d'effort pour se reconnecter à la Lumière implique l'existence d'un libre arbitre ou d'une intentionnalité, suggérant que rien n'est le fruit du hasard mais résulte plutôt de causes déterminées. Ainsi, l'idée de « chute » ne doit pas être interprétée au sens littéral, mais vue comme l'enchaînement inévitable d'événements (*tséirouf miqrin*) découlant de la Cause première. Dans cette dimension, la Lumière de l'Arbre de Vie représente la Connaissance vraie, soit une compréhension claire et distincte de la réalité. En contraste, la lumière émanant de l'Arbre de la Connaissance du Bien et du Mal symbolise une connaissance inadéquate, sujette à l'erreur et à l'illusion (*dimion* [דִּמְיוֹן]).

---

96 Genèse 3:16.
97 Zohar I 180b.

La Chute, la Connaissance et l'essence de l'être

À l'image d'un bébé (*tinouq* [תִּנוֹק]) qui doit adopter la bonne position en se « retournant » dans le ventre de sa mère avant de naître, l'âme traverse un *hipouk* [הִפּוּךְ], un processus de retournement, qui l'amène à oublier sa véritable essence et sa joie intrinsèque (*Hedvah*). Cette transformation entraîne une perte de la compréhension claire et adéquate de soi et de l'univers, favorisant les affections passives au détriment d'une raison active ; elle crée un flou entre la joie passive (*simħah*) et la Joie active (*ħedvah*). Pour retrouver sa véritable nature, l'âme doit entreprendre un *tiqoun*, une réparation, qui est symboliquement un retournement, comme l'indique l'anagramme de *tiqoun* et *tinouq* [תִּקּוּן], soulignant ainsi le concept de transformation.

Cette idée de transformation est centrale à *l'havayah*, ou l'existence/essence de l'être. Le mot lui-même est une anagramme du Nom divin, *Yhwh*, réitérant le thème du retournement et soulignant la profonde connexion entre l'existence individuelle et la dimension divine.

Le rôle mystérieux d'Oriel et ses troupes

Dans la tradition mystique, *Oriel*, le Prince de la Face, dont le nom signifie « Lumière divine », joue un rôle central dans le processus de retournement. Il est souvent appelé « l'Ange du retournement » (*Malak'h hahipouk* [מַלְאָךְ הַהִפּוּךְ]) et est censé déterminer la position du bébé dans l'utérus de sa mère. Une croyance populaire veut qu'au moment de la première respiration d'un nouveau-né, prêt à révéler les mystères de l'univers, *Oriel* ou l'un de ses serviteurs touche la bouche du bébé avec son doigt, lui imposant le silence et effaçant toute mémoire pré-natale. Cette action est symbolisée par la fossette présente entre le nez et la lèvre supérieure, témoignage du silence imposé par *Oriel*. Ainsi, les humains sont nommés *anashim* [אֲנָשִׁים], terme qui résonne avec *neshiah* [נְשִׁיָה], signifiant « l'oubli », soulignant leur condition d'êtres ayant oublié leur origine divine.

La valeur numérique (*guimatria*) de *Malak'h hahipouk* [מַלְאָךְ הַהִפּוּךְ] est de 207, équivalente à celle des mots *or* [אוֹר], « lumière », et *raz* [רָז], « secret », mettant en lumière la connexion profonde entre le retournement, la lumière divine, et les mystères de l'existence.

Les serviteurs *d'Oriel* veillent sur les souvenirs perdus de l'existence pré-natale. Lorsqu'une âme réussit à se libérer et à s'éveiller par ses propres moyens, elle redécouvre sa véritable essence et retourne à son origine divine. Ce chemin de retour, nommé *teshouvah*, est sous la garde *d'Oriel*. À ce moment, les serviteurs *d'Oriel* restituent à l'âme éveillée ses souvenirs oubliés, complétant ainsi son parcours de réparation et de redécouverte de soi.

LES SOLSTICES : OPPORTUNITÉS DE LIBÉRATION ET DE SOUVENIR

Oriel joue un rôle de superviseur pendant les solstices, moments-clés de l'année où la capacité des miroirs inférieurs à opérer un renversement s'affaiblit. Ces instants précis offrent aux âmes l'opportunité de se détacher, de s'échapper de leur confinement réfléchissant et de se rappeler leur essence originelle. Ces chances de libération et de réminiscence sont particulièrement palpables lors du *Neqoudath hahipouk* [נְקֻדַּת הַהִפּוּךְ] (point de retournement), du *Hipouk haqaïts* [הִפּוּךְ הַקַּיִץ] (Solstice d'été) et du *Hipouk haḥoréf* [הִפּוּךְ הַחֹרֶף] (Solstice d'hiver). Ces moments sont envisagés comme des portes ou des clefs permettant de franchir les *50 Portes de Binah*, la *sefirah* associée à la *Teshouvah*, marquant un chemin vers la réparation spirituelle et le rappel de soi.

L'ARBRE INVERSÉ ET LES IMPLICATIONS ALCHIMIQUES

Dans le Monde des Sens, l'Arbre de la Connaissance est sujet à un retournement, le transformant en ce que l'on appelle un « Arbre inversé », ou *êts hapouk* [עֵץ הָפוּךְ]. Cette inversion symbolise une dualité, comme l'indique le *beith* de *êtsév* [עֶצֶב], la tristesse, faisant référence au nombre 2 et permettant de lire « *êts 2* [עֵץ ב'] », soit « l'arbre 2 ». Le terme *pouk* en hébreu signifie émeraude, mais ce concept de retournement trouve aussi son interprétation dans le contexte alchimique de la transmutation. Dans la terminologie alchimique hébraïque, *évén-pouk* [אֶבֶן־פּוּךְ] désigne la pierre d'antimoine, perçue comme une métaphore de l'esprit emprisonné et souffrant dans l'illusion des mondes opposés.

Le processus de retournement peut être envisagé, dans une perspective symbolique, comme la purification du soufre de la pierre corrompue au sein du creuset de l'alchimiste. Cette démarche représente la transformation spirituelle, où le retournement et la purification conduisent à la libération de l'esprit de ses illusions, écho à la quête alchimique de transmutation des matériaux bruts en un état plus noble et pur.

LES MONDES ÉNANTIOMORPHES

Les « mondes énantiomorphes », ou *Ôlamoth marah* [עוֹלָמוֹת מַרְאָה] en hébreu, signifiant « Mondes miroirs », désignent des variations du Monde des Sens, représentant des univers ou dimensions qui reflètent certains aspects l'un de l'autre, tout en restant distincts et non superposables. L'idée sous-jacente est celle d'univers parallèles aux caractéristiques miroirs, illustrant la notion de dualité à travers divers niveaux d'existence.

Chaque *havayah* incarne un exemple de ce phénomène énantiomorphe, où différentes natures coexistent et se reflètent mutuellement. L'être humain, ou *énosh* [אנוש], navigue entre deux inclinations primordiales : le bien et le mal – *yétsér harâ* et *yétsér hatov*. Cette dualité s'étend aux sensations, émotions, pensées et souvenirs, invitant l'individu à une introspection profonde sur sa véritable essence au sein du complexe jeu d'ombres et de lumières des mondes réflectifs. Les dualités, ou énantiomorphies, sont souvent caractérisées par une asymétrie, à l'image de la chimie où l'asymétrie peut être due à un carbone chiral, lié à quatre groupes ou atomes distincts.

Cette réflexion sur la dualité se trouve être une manifestation, dans le domaine humain, de la structure des dix *sefiroth-Belimah*, constituant un système énantiomorphe. En parallèle, l'enseignement pythagoricien, avec son concept de dix énantioses ou paires opposées, reflète cette même pensée dualiste. Les dix énantioses attribuées à Pythagore sont :
1. Limité – Illimité.
2. Impair – Pair.
3. Un – Multiple.
4. Droite – Gauche.
5. Masculin – Féminin.
6. Repos – Mouvement.
7. Droite – Courbe.
8. Lumière – Ténèbres.
9. Bon – Mauvais.
10. Carré – Rond.

Ces oppositions symbolisent la vision pythagoricienne du monde, perçu comme un ensemble de tensions entre ces paires, soulignant l'importance de la dualité dans leur compréhension de la réalité.

LES ASPAQLARIOTH

Dans l'œuvre du *Séfér haZohar*, l'auteur explore le concept des miroirs, désignés sous le terme *aspaqlarioth*

[אַסְפַּקְלָרִיוֹת]. Le mot *aspaqlariah* [אַסְפַּקְלַרְיָה], qui signifie miroir en singulier, trouve ses racines dans les termes latins « *speculare* » et « *specere* », évoquant l'action d'observer ou de se mirer, ainsi que du mot grec ancien *esoptron* [ἔσοπτρον], désignant également un miroir. Cette étymologie révèle la profonde réflexion individuelle, où chacun « spécule » sur son avenir et les différentes possibilités que lui présente le « <u>spec</u>tacle » de sa vie.

Le terme *aspaqlariah*, ou *aspaqlaria* [אַסְפַּקְלַרְיָא] en araméen, tiré du *Talmud*, renvoie à un « point de vue » ou « aspect », faisant écho au latin *aspectus*, lui-même lié à « *spec* » de *speculare*. Cette expression araméenne se décompose en *aspaq* [אספק] – *leriah* [לריא], signifiant « qui fournit la vision ». Le *Talmud* décrit cela comme *aspaqlaria hamirah* [אַסְפַּקְלַרְיָא הַמְּאִירָה], pouvant être traduit par « aspect miroitant », « vision brillante », ou « miroir transparent », offrant une perspective exceptionnelle de la *Shekhinah*. Selon le *Talmud*, ce privilège est réservé à quelques élus, notamment les « trente-six justes » :

> [Rabbi Shimon ben Yoḥai mentionne que seules quelques personnes rares] voient la *Shekhinah* à travers l'*aspaqlaria hamirah*, tandis que la déclaration de Rava se réfère à ceux qui ne voient pas la *Shekhinah* à travers l'*aspaqlaria hamirah*. Pourquoi ceux qui voient la *Shekhinah* à travers l'*aspaqlaria hamirah* sont-ils si peu nombreux ? Abaye suggère que chaque jour, au moins trente-six justes saluent la *Shekhinah*, comme il est dit : « *Heureux ceux qui l'attendent* [ל"ו]98 »99.

---

98 Esaïe 30:18 - כָּל־חוֹכֵי לוֹ, que l'on peut lire « tous attendent les 36 » [כָּל־חוֹכֵי ל"ו].
99 Talmud Souccah 45b.

L'auteur du *Séfér haZohar* emploie le mot *aspaqlariah*, en faisant référence à une conception de la contemplation prophétique mentionnée dans le *Talmud Yevamoth* :

> « *Je vis (éréh) Adonaï*[100] ». Il est enseigné que tous les prophètes ont contemplé à travers un miroir obscur (*aspaqlaria shéénah mirah* [אַסְפַּקְלַרְיָא שֶׁאֵינָהּ מְאִירָה]), mais Moïse, notre maître, a contemplé à travers un miroir transparent (*aspaqlaria mirah* [אַסְפַּקְלַרְיָא מְאִירָה])[101].

Pour qualifier la contemplation de la lumière pure, à partir du niveau de *Tiféréth*, et au-delà, le *Zohar* dit : *Aspqlariah denahara* [אַסְפַּקְלַרְיָא דְּנָהֲרָא], Miroir réfléchissant ou lumineux. Et pour qualifier la vision obscure en dessous de *Tiféréth* et les profondeurs obscures de *Malkouth*, il dit : *Aspaqalaria dela nahara* [אַסְפַּקְלַרְיָא דְּלָא נַהֲרָא], miroir sans lumière (ou sans tain). Cette notion signale un puissant pouvoir de transmutation de la part de la *sefirah Tiféréth*, dont le creuset serait alors la *sefirah Yessod*. Ce lieu de transmutation est symbolisé dans la *Torah*, par l'*Ohél moêd* [אֹהֶל מוֹעֵד], la « Tente du Rendez-vous » de Moïse. Dont la *guimatria* 156 enseigne qu'il s'agit du *Yeqoum* [יְקוּם], l'Univers.

Selon la terminologie kabbalistique, les lumières émanant du front, des yeux, des oreilles, des narines et de la bouche d'*Adam Qadmon* sont pleinement absorbées et restituées par la *Sefirah Tiféréth*. Ainsi, quiconque atteint cette stature peut observer ces lumières via l'*aspaqlaria hamirah*, également nommée *aspaqlariah denahara*.

Cependant, ces lumières perdent en intensité sous *Tiféréth* et s'assombrissent lorsqu'elles atteignent *Malkouth*. Ici, elles sont perçues par l'intermédiaire de

---

[100] Ésaïe 6:1.
[101] Talmud Yevamoth 49b.

l'*aspaqlaria shéénah mirah* ou *aspaqalaria dela nahara*, le miroir sans éclat. Face à l'incapacité d'observer directement ces lumières, les *havayoth* doivent alors s'en remettre à leur faculté d'interpréter ces éclats résiduels des lumières supérieures. Il leur faut les « deviner », c'est la marque du *Naḥash*, dont il faut rappeler que la signification avant de vouloir dire serpent, signifie « devin » et « murmureur » (enchanteur). Il est l'inventeur du *dimion*, c'est-à-dire de l'illusion et de l'imaginaire.

Sans un moyen direct d'accéder à la véritable lumière d'*Adam Qadmon*, les *havayoth* s'appuient sur des *kelim* (outils) instables pour aiguiser leur perception. Ils deviennent alors dépendants de leurs sens (*ḥoushim*). Sans leur ressemblance originelle (*demouth*) avec *Adam Qadmon*, ils s'appuient sur leur imagination (*dimion*), un héritage du *Naḥash*, qui domine les mondes illusoires par le biais de la sensation (*ḥoush*) contenue dans son nom (*ḥith-shin*).

Les *kelim* des *havayoth* d'en bas, *anashim*, sont des réceptacles approximatifs leur permettant de rester en contact avec cinq dimensions de l'être. La dimension de la pensée capte des bribes de la lumière issue du Front d'*Adam Qadmon*. La dimension de la vision, capte, en fonction de ses capacités, la lumière issue des Yeux, celle de l'audition la lumière issue des Oreilles, celle de l'odorat la lumière issue des Narines, celle du goût la lumière de la Bouche. Toutefois, les lumières d'*Adam Qadmon* étant dégradées et les outils des sens très imparfaits pour recevoir les fragments qui restent, la perception est globalement corrompue et très approximative. Pour pallier ces manques, que le miroir non lumineux ne peut leur restituer, les individus font appel à l'héritage que leur a légué le *Naḥash* : leur imaginaire, leur capacité à deviner, à déduire, à interpréter et à inventer.

En conséquence, toutes les existences d'en bas qui contemplent l'*aspaqalaria dela nahara*, sont des *ben Naḥash*, des « naḥashiens », donc des *devins*, et non des prophètes, car ils contemplent dans *Ôlam haZéh* (Monde-ci) et non en direction d'*Ôlam haBa* (Monde-à-Venir). Tous ceux qui, à l'exemple des 36 Justes, contemplent la lumière de la *Shekhinah* et qui leur enseigne la vertu de lumière d'*Ôlam haBa* qui brille dans l'*aspqlariah denahara*.

Le Monde des Existences est comme un miroir déformé. Il reflète la réalité, mais de manière imparfaite. Cela peut conduire à des erreurs de perception, et à une vision du monde qui est souvent biaisée.

LE MONDE DES SENS

Au cœur de la mystique kabbalistique, les sens transcendent leur rôle de simples instruments (*kelim*) de perception. Ils deviennent des ponts et des miroirs par lesquels la matière entre en relation avec le spirituel. Notre monde, dans toute sa diversité et sa pluralité, est vu comme une émanation de l'Infinie Lumière, accessible à travers nos sens.

Les maîtres de la Kabbale nous enseignent que le monde de « l'en bas » est un reflet du monde de « l'en haut », ce qu'illustre l'*Adam Qadmon*, le prototype humain dans lequel tous les éléments de la Création sont contenus. À l'image de l'*Adam Qadmon*, chaque humain possède des réceptacles (*kelim*) qui, s'ils sont purifiés et optimisés, lui permettent d'entrer en résonance avec la Création.

Le penseur ou le méditant qui se focalise sur l'odorat, par exemple, et qui se concentre sur chaque effluve qui passe par ses narines, peut alors percevoir l'essence même de la vie, une pure *Rouaḥ*, une inspiration de l'*Adam Qadmon*. Il ne s'agit pas seulement d'une odeur, mais de la fragrance de la Création elle-même.

Lorsqu'un sage contemple le monde à travers ses yeux, il ne voit pas seulement des formes et des couleurs, mais aussi l'éclat de l'Infinie Lumière qui illumine tout. La vision devient alors une fenêtre vers l'Infini. C'est ainsi qu'en se concentrant sur la sensation d'une de ses oreilles, un contemplatif peut ressentir la vibration universelle, un écho du battement du cœur de l'*Adam Qadmon*.

L'ouïe, dans cette perspective, n'est pas simplement un réceptacle de sons, mais d'une harmonie, d'une mélodie de l'univers, d'un chant divin qui, pour l'initié, peuvent révéler les mystères les plus profonds de la Création.

Les Kabbalistes, dans leurs méditations profondes, cherchent à affiner et purifier leurs sens pour qu'ils deviennent des miroirs parfaits, reflétant la lumière de l'*Adam Qadmon*, l'être prototype. Le Monde des Sens n'est pas limité à un lieu défini, mais il est tissé par la modulation de nos perceptions. Plus un Kabbaliste est pur, plus ses outils sont affinés et plus son Monde des Sens est riche.

En fin de compte, dans le grand apaisement de l'existence, les sens deviennent les instruments silencieux de l'Amour infini. La vérité, pour celui qui sait écouter, regarder, sentir, goûter et penser avec son âme, est que tout est rempli de cette Essence divine, et qu'à travers nos sens, nous sommes invités à nous unir à ce *guilgoul* du sensible.

Ces réceptacles sont nos cinq sens, qui sont les clés du mystère de la « *Demouth* » [דְּמוּת], de la « Ressemblance ». La ressemblance silencieuse entre la créature et son Créateur, est un mystère qui transcende l'entendement humain. Ce sont nos sens qui nous lient à la fois au monde matériel et au monde spirituel, et qui témoignent de cette intime connexion entre le fini et l'Infini.

Prenons l'exemple d'un nourrisson. Dès ses premiers instants, il est capable de reconnaître l'odeur de sa mère, la douceur de sa voix et le goût de son lait. Ces sens ne lui sont pas étrangers ; ils font partie intégrante de lui, comme un code ancestral gravé dans son être. Cette reconnaissance immédiate est une métaphore du lien spirituel qui existe entre la créature et le Créateur. Tout comme le bébé, naturellement et instinctivement, reconnaît sa mère, notre âme, si elle est éveillée et consciente, peut reconnaître la Présence divine, la *Shekhinah*.

SILENCE ! ON MURMURE

Damah [דָּמָה], la ressemblance, est aussi une façon d'estimer et de comparer. Il suffit de permuter les lettres et voici la *middah* [מִדָּה], la mesure avec laquelle on peut attribuer que le Créateur et sa créature se retrouvent dans telle ou telle qualité. Si les *kelim* sont purs, la perception est sans défaut, alors la comparaison est juste. Mais si ce n'est pas le cas, *damah*, devient *dimah* : visualiser, imaginer. Car lorsque les sens font défaut, le *dimion* [דִּימְיוֹן], l'imaginaire, œuvre du *Naħash*, compense le manque. La connexion avec les miroirs de l'*Adam Qadmon* est alors rompue.

La ressemblance ne se dit pas, elle se ressent, elle est *domém* [דּוֹמֵם] : silencieuse. À l'image du *dam* [דָּם], du sang qui circule silencieusement dans les veines des membres d'un même clan. Ils n'ont pas besoin de faire crier leur sang pour le savoir, il leur suffit de le sentir ou de le ressentir. Ainsi, le kabbaliste devra se tenir dans le silence de sa méditation pour faire luire les miroirs de ses sens et les nettoyer des traces de l'imaginaire du *Naħash*, lui-même silencieux.

Ôlam haĦoushim [עוֹלָם הַחוּשִׁים], le Monde des Sens, est en effet un monde de silence, où les sens ne doivent pas se laisser emporter par les danses sensorielles d'*Ôlam haZéh*, mais se laisser guide par la Lampe obscure vers *Ôlam haBa*.

Ḥoush [חוּשׁ], est un sens, une sensation, un ressenti. Le mot vient de la racine bilitère *ḥash* [חָשׁ], qui garde l'idée de « sentir », « ressentir », mais en silence, et engendre *ḥashah* [חָשָׁה] : se taire, garder le silence. Ainsi, seul le silence intérieur de la méditation ouvre l'accès au Monde des Sens qui connecte aux miroirs supérieurs. Il n'est pas uniquement question de faire un silence physique, mais aussi psychique pour ne le pas entendre l'imaginaire silencieux et sournois qui fausse les sens. Le *dimion* inoculé par le *Naḥash*, qui porte en lui la racine *ḥash*. Dont il fait un murmure parasite qui trompe le contemplatif et le fait dévier de sa méditation. Un chuchotement qui se répand telle une incantation dans la conscience, c'est le *laḥash* [לַחַשׁ] du *melaḥash* [מְלַחֵשׁ], le charme du chuchoteur, qui détourne des myriades de méditants depuis le début de la Création, les privant de la Béatitude du Monde des Sens. Fort heureusement, nombre d'entre eux, à l'exemple du prophète Ézéchiel, ont compris qu'il suffit de laisser le murmure du *Naḥash* se retourner contre lui-même, et voici le *melaḥash* [מְלַחֵשׁ] qui devient *hashmal* [חַשְׁמַל], un éclat d'Infinie Lumière qui illumine le Monde des Sens. Pour Ézéchiel, cet éclat était comme un œil (*âyin*), peut-être une source de lumière, ce qui lui fit dire : *keêin haḥashmal mitouk haésh* [כְּעֵין הַחַשְׁמַל מִתּוֹךְ הָאֵשׁ], « *comme l'œil du Ḥashmal au milieu du feu*[102] ».

LES SENS CACHÉS DANS L'OBSCURITÉ

Dans le récit de la *Genèse*, avant qu'apparaisse la *Rouaḥ Élohim*, la Volonté créatrice et sa formulation était

---

[102] Ézéchiel 1:4.

potentielle. Ce n'est qu'avec l'apparition spontanée de sa *Rouah* qu'*Élohim*, put émettre sa première Parole et formuler la Lumière. À cet instant sa Volonté passa du potentiel à l'acte, celui de la *Maâsséh Beréshith*. La pulsion de son *Ratson*, son Désir, sa Volonté, se dissimulait dans le *rts*, le *réish-tsadé* du mot *aréts*, la terre. L'expression de cette Volonté trépigne dans l'obscurité, où se dissimule la potentialité des sensations et des ressentis permettant la connexion et la communication entre chaque élément du créé. En effet avec le dévoilement de la *Rouah Élohim*, le *hosh* [חשׁ] du sens est dissimulé dans le mot *hoshék* [חֹשֶׁךְ], l'obscurité. En plus de signifier : sens, sentiment, ressenti, la racine *hash* [חָשׁ] signifie : se dépêcher, se hâter, trépigner.

Que dissimule ce *hash* ? Privé de tous les sens, peut-on parler d'*havayah* (existence) ? Une existence privée des perceptions fondamentales est coupée des moyens habituels par lesquels elle peut percevoir et interagir avec le Monde, mais peut-on parler de Monde à ce stade ? Cette *havayah* est potentielle, elle est dans le « rien » (*éin*). Cet état pose plusieurs questions intéressantes sur la nature de l'existence, de la perception, et de la conscience.

Descartes avec son célèbre *Cogito, ergo sum* (Je pense, donc je suis), suggère que la pensée est un signe de l'existence. Si cet être ne peut pas penser (au sens conventionnel), peut-il vraiment exister dans le sens où nous comprenons l'existence ? Peut-il clamer : *ani qayam* [אֲנִי קַיָּם] (je suis !) ? Sans capacités perceptives, il lui est impossible de vérifier ou même de suspecter l'existence d'autres *havayoth* (existence) ou d'un monde environnant externe. Cependant, cela ne signifie pas nécessairement qu'il n'a aucune expérience. Il pourrait avoir des sensations « autres ». Cela pourrait le plonger dans un état de solipsisme, où sa propre existence est la seule chose dont il pourrait être certain. La *rouah* n'étant pas encore apparue, le langage en tant que moyen de structuration de la réalité, serait inexistant pour lui, par conséquent, l'être ne pourrait pas « se dire ». Sans le *hash*, quel est le « sens » ou le « but » d'une existence.

Ainsi, l'ouverture d'un sens libère une énergie et définit une dimension de l'être, avec laquelle il interagit avec son monde environnant, il rencontre l'autre. Sorties du *hoshék*, les *houshim* ouvre les cinq dimensions de l'existence et la rencontre de « l'autre », ils créent un pluriel de soi. On peut lire *hoshék* [חֹשֶׁךְ], *houshk'a* [חוּשֵׁךְ], « ta sensation », dans l'idée de *housh lek'a* [חוּשׁ לְךָ], « ça a *du sens pour toi* ». Ceci nous enseigne que dans l'obscurité se trouve occulté la notion d'être et de mission d'être. Découvrir la sensation d'être, c'est comprendre le sens, la direction vers laquelle va (*lék'h*) la mission d'être. Un monde s'ouvre et se nomme.

En ce qui concerne l'*Adam Qadmon*, ce sont cinq lumières qui jaillissent de son front, de ses yeux, de ses oreilles, de ses narines et de sa bouche. Cinq dimensions et cinq directions d'existence. Chaque humain en porte la potentialité, mais ayant oublié sa nature, se contente de n'utiliser ces réceptacles sensoriels que dans le plan du *Ôlam haZéh*, ignorant qu'avec eux il a le privilège de communiquer avec l'*Adam Qadmon*, la transcendance et le *Ôlam haBa*.

Le Monde de la Pensée

Le Monde de la Pensée, *Ôlam haMahshavah* [עוֹלָם הַמַּחְשָׁבָה], est le premier des cinq mondes de l'Existence. Les maîtres de la Kabbale enseignent que ce monde exprime la sainteté de la *Neshamah* et que son expression est appelée « *rouah* ».

Je l'ai créé, cette âme sainte qui est le Monde de la Pensée, Je l'ai formée, cette *rouaħ* qui parle et par elle provient la vie qui parle[103].

Un concept repris tel quel dans le *Zohar Ħadash* (Yitro 165). Cela appuie surtout l'idée que le Monde de la Pensée est supérieur au Monde du Discours (*Ôlam haDibbour* [עוֹלָם הַדִּיבּוּר]). L'illumination du Monde des Sens dépend de la connexion des Mondes de la Pensée et du Discours. C'est-à-dire le front et la bouche d'*Adam Qadmon*.

Le Monde de la Pensée est celui des idées et des concepts, et il est créé à partir de la lumière de *Ħokhmah* du Monde de *l'Atsilouth*. C'est le monde à travers lequel nous pouvons percevoir la réalité à travers notre intellect, mais il est aussi le Monde dans lequel nous pouvons appréhender un niveau plus profond de la réalité.

LA LUMIÈRE DU FRONT D'ADAM QADMON

La lumière émanant du Front de l'*Adam Qadmon* offre une vision claire et véritable du monde. Elle nous aide à transcender les illusions pour atteindre une véritable compréhension de la réalité. Par moments, cette lumière est cachée, à d'autres moments elle est révélée, on peut alors lire les trois lettres du mot *Éméth* [אֱמֶת] : Vérité. C'est pourquoi le « Front » s'appelle *keli haÉméth* [כְּלִי הָאֱמֶת], « réceptacle de la Vérité », dont la *guimatria* 506 est équivalente à celle de *Ôlam haMaħshavah* [עוֹלָם הַמַּחְשָׁבָה], Monde de la Pensée. Symboliquement, c'est aussi *ħalon hatévah* [חַלּוֹן הַתֵּבָה], la « lucarne de l'Arche » de Noé, de même nombre. Un mythe raconte qu'en fautant, Adam a laissé sa tête s'affaisser et les trois lettres de la Vérité s'en sont détachées et sont tombées dans les mondes de l'oubli. C'est pourquoi la Vérité doit se dresser des

---

[103] Tiqounei Zohar 68b.

profondeurs de la Création, comme il est écrit : « *La Vérité va germer du sein de la terre*[104]. »

Lorsqu'il médite, le kabbaliste éclaire son front de sa lumière et la connecte à la lumière issue du front de l'*Adam Qadmon*, qui représente la connaissance et la compréhension de la Réalité. C'est une lumière qui est pure et parfaite, et qui permet de voir le monde tel qu'il est vraiment, dans son entière Vérité.

Cette lumière pure et immaculée est appelée *Ratson*, ou Volonté, elle est l'étincelle qui donne vie aux pensées les plus pures, échappant aux distorsions de l'imaginaire, ou *dimion*.

Selon les auteurs, les Mondes des sens ne comptent que quatre dimensions, celui de la Pensée étant supposé les englober tous :

Le Ramban explique qu'en l'humain se trouve l'ensemble des mondes : supérieur, intermédiaire et inférieur. La tête représente le Monde de la Vision, de l'Audition, de l'Odorat et de la Parole, et la demeure de l'âme divine (*néfésh haélohith*) est en face du monde supérieur où réside Sa *Shekhinah*. Jusqu'au nombril, les signes et le cœur et les poumons et le foie représentent le monde des créatures vivantes, la demeure de l'âme vitale (*néfésh haḥiyounith*) correspondant à l'intermédiaire. Le nombril et en dessous représentent le monde naturel, le système digestif est en face du monde inférieur[105]. »

---

[104] Psaumes 85:12.
[105] Yismaḥ Moshé, Beshalaḥ 4 - Moshé Teitelbaum de Oujhel.

LE MONDE DE LA VISION

Le Monde de la Vision (*Ôlam Riyah*) [עוֹלָם הָרְאִיָה] est le deuxième des cinq Mondes de l'Existence. C'est le monde des formes et des idées, et il est créé par la lumière de la Sagesse du Monde de la Pensée.

Il correspond à la dimension de l'être qui permet de voir au-delà des apparences, de contempler les éclats du *Ôlam ha-Ba*, au sommet des 50 Portes de *Binah*, à la source même de la contemplation de Moïse, selon la parole : « *Que je passe, je te prie, et que je voie*[106] » [אֶעְבְּרָה־נָּא, וְאֶרְאֶה]

> Moïse souhaitait traverser le Jourdain pour monter en *Éréts Israël*, car depuis que son âme était liée au Jubilé (cinquantenaire), s'il avait mérité d'entrer en *Éréts Israël*, son âme aurait été élevée au-dessus du Jubilé. Ceci est allusivement indiqué par les lettres נ״א (*na* = 50+1), signifiant qu'il sera élevé au-dessus des Cinquante portes de *Binah*, symbolisées par le mot אל״ף (*aléf* = 1). « *Que je voie* » là-bas se réfère au Monde de la Vision, et il dit « *qui est au delà du Jourdain* » pour indiquer qu'il souhaitait être élevé au-dessus de *Binah*, et c'est le mystère de la « bonne montagne » (*har hatov*) qui est la fondation (*yessod*)[107].

LA LUMIÈRE DES YEUX D'ADAM QADMON

La lumière issue des yeux de l'*Adam Qadmon* représente la vision prophétique. C'est une lumière qui permet de voir le monde d'une manière suprasensible, et qui permet d'accéder à une connaissance et à une compréhension de la réalité qui sont inaccessibles au simple humain.

---

[106] Deutéronome 3:25.
[107] Maguid Meisharim 38 - Joseph Karo.

Dans le *Séfér haZohar*, il est dit que les Yeux de l'*Adam Qadmon* sont comme des miroirs, qui reflètent la lumière de la *Shekhinah*. Il les compare à des torches, qui éclairent le monde avec la lumière de la Connaissance.

Dans la Kabbale lourianique, il est enseigné que les « yeux » de l'*Adam Qadmon* sont comme des fenêtres, qui permettent de voir le monde d'une manière suprasensible.

Lorsqu'un kabbaliste médite en plongeant son regard dans les yeux de l'*Adam Qadmon*, il entame un voyage intérieur à la recherche d'une vision plus claire et plus profonde du monde qui l'entoure. C'est comme s'il ouvrait une fenêtre sur une réalité cachée, où tout ce qui semble évident est remis en question, où les ombres cèdent la place à une lumière éclatante révélant les vérités cachées. Au cours de cette quête, il ne se contente pas de chercher à comprendre le monde ; il aspire à s'élever, à toucher le divin et à se remplir de Sagesse. C'est une modulation délicate entre le monde visible et l'invisible, entre ce qui est connu et ce qui reste à découvrir. Et à chaque étape, il se rapproche, intégrant sa spiritualité à chaque souffle, à chaque battement de cœur.

La méditation de la « Vision » n'est pas une expansion, mais un *tsimtsoum* de lumière, une concentration sur un point dans lequel le contemplatif se réduit. L'allusion se trouve dans la *guimatria* 367 de *Ôlam Riyah* [עוֹלָם הָרְאִיָה], qui est équivalente à *ishon* [אִישׁוֹן], la pupille de l'œil que l'on petit aussi traduire par « petit homme » (microcosme).

Le Monde de l'audition

Dans la Kabbale, le Monde de l'Audition (*Ôlam HaEzénah* [עוֹלָם הָאְזְנָה]) est le troisième des cinq mondes de l'Existence, il peut aussi s'appeler *Ôlam haShemâyah* [עוֹלָם הַשְׁמַעְיָה]. C'est le monde des sons et des vibrations, et il est créé par la lumière de *Binah* à partir du Monde de la Vision. Le Monde de l'Audition est celui du *Shemâ*, de l'écoute de la Parole divine et de l'unité du Verbe de l'Être Infini. L'*ayîn*, qui termine le mot « *shemâ* » indique le *sod* et les 70 niveaux de lectures. Le terme *Éhad* (Un) de la prière signale que dans le Monde de l'Audition, l'infinité des sons de la Création et des noms divins se fond en un son unique, que celui qui évoque la prière doit entendre dans la dernière lettre du *Shemâ.*, car seul celui-ci porte l'essence du véritable Verbe.

LA LUMIÈRE DES OREILLES D'ADAM QADMON

La lumière issue des oreilles de l'*Adam Qadmon* représente la capacité d'écouter et de comprendre la Parole divine. C'est une lumière qui permet de recevoir la révélation divine et de parvenir à une connaissance et à une compréhension de la réalité qui sont inaccessibles à l'homme ordinaire.

Dans le *Séfér haZohar*, il est dit que les oreilles de l'*Adam Qadmon* sont comme des Réceptacles (*kelim*), qui s'ouvrent pour recevoir la Parole divine.

Dans le vaste cosmos de la Kabbale, méditer sur les oreilles d'*Adam Qadmon*, c'est comme s'aventurer dans une forêt ancienne, où chaque bruissement de feuille, chaque souffle du vent porte un message de l'Au-delà. Ces oreilles ne sont pas simplement deux organes qui captent les sons, mais des portes majestueuses vers un monde où chaque vibration a une histoire à raconter, où chaque écho résonne avec la voix de l'Infini. C'est une expérience d'union et de sérénité. Dans cette méditation, le kabbaliste s'unit à l'essence même de la vie, et dans ce voyage intérieur, il découvre que, même au milieu du tumulte, il peut toujours trouver le calme, la paix et la vérité.

Ainsi, chaque fois qu'il écoute, il se rapproche de la Source, s'imprégnant des mélodies du *Ôlam haBa*, établissant un lien intime avec l'*Ein-Sof*.

LE MONDE DE L'ODORAT

Dans la Kabbale, le Monde de l'Odorat (*Ôlam HaRéiaħ* [עוֹלָם הָרֵיחַ]) est le quatrième des cinq mondes de l'Existence. C'est le monde des parfums et des émotions, et il est créé par la lumière de la *Ħesséd* du Monde de l'Audition. Le monde de l'odorat est le monde dans lequel nous pouvons percevoir la réalité à travers nos sens, mais il est aussi le monde dans lequel nous pouvons percevoir la réalité à un niveau encore plus profond.

Les maîtres de la Kabbale considèrent que l'odorat est un sens qui n'appartient pas au corps, mais à la *neshamah* :

> L'âme, que l'on appelle *ôlam qatan* (petit monde [עוֹלָם קָטָן]), n'est soutenue que par l'odorat (*réiaħ*). C'est ainsi que les Sages commentent : « *De quoi la neshamah bénéficie-t-elle, mais pas le corps (gouf) ? C'est l'odeur (réiaħ)*[108] ». De la même manière, les grands mondes, inférieurs et supérieurs, ne sont soutenus que par l'odeur. Ainsi, tant que le Temple existait, Israël y offrait-il des sacrifices tout en réfléchissant à toutes les « unifications » (*yiħoudim*) liées au sacrifice ainsi qu'aux saints Noms découlant du verset « *une offrande de feu, une odeur agréable pour Yhwh*[109] »[110].

Le texte ajoute :

---

[108] Talmud Berakhoth 43b.
[109] Nombres 28:8.
[110] Kav HaYashar 49 - Tsvi Hirsch Kaidanóver.

Rabbi Abba dit : « Assieds-toi, mon fils. » Ils s'assirent. Rabbi Abba sentit la rose et dit : Il est clair que le monde ne tient que par l'odeur. Je vois en effet que la *neshamah* ne se nourrit que d'odeurs. C'est pourquoi il faut prendre une branche de myrte [pour la sentir] à la sortie du *Shabbath*.

LA LUMIÈRE DES NARINES D'ADAM QADMON

La lumière issue du nez de l'*Adam Qadmon* représente la capacité de discerner entre le bien et le mal. Elle permet de distinguer le vrai du faux.

Dans le *Séfér haZohar*, il est dit que le nez de l'*Adam Qadmon* est comme un filtre, qui permet de purifier l'air que nous respirons et l'éther universel qui vivifie toutes les créatures. Il est dit que ce nez est comme un nez d'éléphant, capable de discerner les plus petites particules.

L'odorat est une passerelle vers la *neshamah*. Là où les mots peuvent échouer, les parfums parlent directement au cœur, évoquant des sentiments et des souvenirs.

La lumière qui émane des narines d'*Adam Qadmon* est telle une boussole, guidant le kabbaliste à travers le vaste paysage de la moralité, lui permettant de distinguer le bien du mal, le vrai du faux. Et dans ce monde, chaque inhalation est un rappel du divin, une offrande d'air purifié et sacré. C'est un voyage où chaque respiration devient une prière, une ode à la vie et à la connexion avec le Tout-Puissant.

LE MONDE DU GOÛT

Dans la Kabbale, le monde du goût (*Ôlam haTaâm* [עוֹלָם הַטַעַם]) est le cinquième et dernier des mondes de l'Existence. C'est le monde des saveurs et des sensations, et il est créé par la lumière de la *Guevourah* du Monde de l'Odorat. Le monde du goût est le monde dans lequel nous pouvons percevoir la réalité à travers nos sens, mais il est aussi le monde dans lequel nous pouvons percevoir la réalité à un niveau encore plus profond. En relation avec la bouche, on l'appelle aussi Monde du Discours (*Ôlam haDibbour* [עוֹלָם הַדִּיבּוּר]).

Dans ce monde, la parole et les sensations de la bouche sont semblables aux instruments d'un peintre ou d'un sculpteur, qui dessine et donne forme à son monde :

> *Rouaħ*, l'Homme de la Formation, est le Monde de la Parole, et lorsque la pensée revêt cette parole, il y réfléchit et dessine des images de tracés et de formes[111].

LA LUMIÈRE DE LA BOUCHE D'ADAM QADMON

La lumière issue de la bouche de l'*Adam Qadmon* représente la Parole créatrice. C'est une lumière qui permet de créer le monde et de le façonner selon la Volonté divine.

Dans le *Séfér haZohar*, il est dit que la bouche de l'*Adam Qadmon* est comme une source, qui déverse la Parole créatrice. Elle est comme un feu, qui consume le mal et crée le bien. Dans la Kabbale lourianique, il est enseigné que la bouche de l'*Adam Qadmon* est comme un instrument, qui joue la musique de la Création.

Dans le monde mystique du goût, un kabbaliste qui médite sur la lumière de la bouche d'*Adam Qadmon* plonge dans la puissance de la Parole créatrice. Dans cette méditation, il ne s'agit pas seulement de savourer les saveurs de la vie, mais aussi d'embrasser la capacité unique de la parole à moduler et façonner la réalité.

---

[111] Zohar Ħadash, Yitro 165.

La bouche, dans sa luminescence, devient un pont entre le divin et le tangible, transformant le chuchotement silencieux de la pensée en une symphonie de création. Pour le méditant, chaque mot prononcé est semblable à un coup de pinceau sur une toile, peignant la volonté divine dans le tableau de l'existence.

En se connectant à cette lumière, le kabbaliste devient un artiste céleste, façonnant le monde non seulement par ses actions, mais par la mélodie de sa voix, de son *hazkarah* et de ses *tséiroufim*. Dans cette révolution entre le goût et la parole, il découvre le secret de la vie : le pouvoir de créer, de transformer et d'aimer avec chaque souffle, chaque mot et chaque moment.

CHAPITRE X

LE MONDE AU-DELÀ DE CE MONDE

Dans la pensée mystique, le concept de « monde » se décline en multiples nuances et interprétations. Il peut être synthétisé autour de deux idées principales : *Ôlam haZéh* [עוֹלָם הַזֶּה] (le Monde actuel) et *Ôlam haBa* [עוֹלָם הַבָּא] (le Monde à venir). Notre existence dans *Ôlam haZéh* vise la purification et la préparation pour *Ôlam haBa*, le domaine de la transcendance et de l'Infini. En affrontant les épreuves de la vie, les âmes se purifient et se rapprochent de la Cause première, aspirant à une union profonde, connue sous le terme de « *dveqouth* ». La connexion avec *Ôlam haZéh* est liée au Nom *d'Adonaï*, tandis que celle avec *Ôlam haBa* s'associe au Nom *Yhwh*.

> On doit s'efforcer de s'attacher au Nom *Yhwh*. *Adonaï* en est le sentier vers la *dveqouth* (adhésion), car il est dit : « *tu adhèreras en lui (bo tidbaq)* »[112]. Notre Dieu, Clément et Miséricordieux, nous a enseigné la façon d'adhérer à Lui, et Il nous aide à faire Sa Volonté en *Ôlam haZéh*, afin que nous puissions mériter notre Vie en *Ôlam haBa*.[113]

---

[112] Deutéronome 10:20.
[113] Shaâréi Orah – Joseph Gikatilla – Porte I, sefirah 10.

Le verset du *Deutéronome* cité se conclut par : *oushimo tishâvéâ* [וּבִשְׁמוֹ תִּשָּׁבֵעַ], « *et en Son Nom tu prêteras serment* ». Ce qui peut également être interprété comme : « *Dans Son Nom seront sept* ». Cette allusion renvoie aux sept *sefiroth* inférieures, suggérant ainsi qu'*Ôlam haZéh* est essentiellement constitué des *sefiroth* inférieures, dont la dernière, *Malkouth*, est représentée par le Nom *Adonaï*. Dans ce contexte, les trois *sefiroth* supérieures rayonnent avec le Nom *Yhwh*. C'est la raison pour laquelle J. Gikatilla écrit :

> Tout ce que nous avons dit concernant *HaShém*, Béni soit-Il, concerne seulement *Ôlam haZéh*, mais lorsque nos vies atteindront *Ôlam haBa*, à ce moment nous aurons la grande perception des trois *sefiroth* supérieures[114].

Ôlam haZéh est un cosmos constitué d'une multitude d'univers que l'âme doit traverser avant d'accéder à la Vie en *Ôlam haBa*, où elle peut connaître l'extase de l'Union mystique. Cette collection d'univers correspond aux divers Mondes identifiés par les kabbalistes, et sont aussi les profondeurs des *sefiroth*, que la mystique des Palais désigne comme « chambres ». Rabbi Gikatilla exprime ceci de la manière suivante :

> Quand tu entreras dans ces salles en ce monde, tu mériteras de connaître leurs arcanes de la vie du *Ôlam haBa*. Car il y a de nombreuses chambres dans les chambres et d'arcanes dans les arcanes, dans chacune des lettres de la *Torah*.

LE MONDE DU LIVRE

C'est en *Ôlam haZéh* que s'écrit le *Séfer haHayim* [סֵפֶר הַחַיִּם], à la lumière de la « Lampe de *Yhwh* » (*Nér Yhwh* [נֵר

---

114 Shaâréi Orah – Joseph Gikatilla – Porte X, sefirah 1.

יְהֹנָה]), la lumière de l'âme, dissimulée au sein de la *sefirah* *Malkouth*. Chaque créature y cherche « l'équilibre de la balance » en y inscrivant ses crédits et ses débits. Le *Séfér Yétsirah* appelle cela : « *le plateau du droit et le plateau du devoir*[115] » (*kaf zakouth vekaf ḥovah*). Un équilibre fragile que le poids léger d'une plume peut faire vaciller. Pour accomplir face à cet immense défi, chaque créature peut compter sur une indéfectible alliée : La *Shekhinah*, qui fournit la lumière de la lampe nécessaire à l'éclairage du livre, dont chaque mot doit trouver un écho dans la transcendance d'*Ôlam haBa*. Rabbi Gikatilla écrit :

> La pureté corporelle [de chaque membre du corps] permet à l'humain de s'attacher à la *Shekhinah*, même si elle est un feu dévorant, elle est un feu qui chauffe et apaise ceux qui adhèrent à elle avec une *neshamah* pure, appelée « *Nér Yhwh* ». Il s'agit de ceux qui ont allumé la lampe de l'âme et y ont adhéré. Si Dieu le veut, cela sera expliqué plus tard. Cet attribut s'appelle parfois *Séfer haḤayim*. Il fait référence à un trésor d'où la vie est tirée de la Vie supérieure, appelée « *Ḥayah haOlam haBa* » [חיה הָעוֹלָם הַבָּא] (*Vie du Monde à Venir*), en charge d'*Él Ḥaï*. Il est semblable à un livre dans lequel sont inscrits toutes les créatures, et tous les actes concernant la vie et la mort[116].

L'harmonie entre les actions terrestres et célestes offre l'opportunité de transcender la vision superficielle d'*Ôlam haBa*, permettant ainsi de révéler une dimension plus élevée au sein de toute chose. En conséquence, la réflexion du *maskil* (l'érudit initié) libère les versets de la *Torah* des contraintes de la vision étroite et littérale (plate

---

[115] Séfér Yétsirah 2:1.
[116] Shaâréi Orah – Joseph Gikatilla – Porte I, sefirah 10.

et horizontale), ouvrant la voie à une herméneutique plus profonde du texte, que l'on nomme *sod*.

Dans cette perspective, les trois premiers niveaux du *Pardès* interprètent la *Torah* à travers le prisme d'*Ôlam haZéh*, tandis que le quatrième niveau se situe dans le cadre d'*Ôlam haBa*.

Par exemple, dans le sens littéral (*pshath*) d'*Ôlam haZéh*, le verset du *Livre de l'Exode* dit : *âyin tahath âyin* [עַיִן תַּחַת עַיִן], traduit comme « *œil pour œil*[117] ». Cette interprétation primaire signifie que si quelqu'un endommage l'œil d'une autre personne, son propre œil sera endommagé en retour. Mais s'il en était ainsi, la terre finirait par n'être peuplée que d'aveugles. Au niveau allégorique (*remez*), ce verset est vu comme une image symbolique, tandis que l'exégèse (*drash*) souligne que le mot palindrome *tahath* [תַּחַת] signifie « sous » ou « en-dessous », ce qui peut être lu littéralement par « œil sous œil », c'est-à-dire « un œil subordonne un œil » ou « un œil compense un œil ». Cette interprétation ne nécessite pas la mutilation physique d'un œil, mais plutôt une compensation pour la personne qui a perdu un œil. En d'autres termes, si la perte d'un œil empêche quelqu'un d'accomplir certaines tâches, la personne responsable doit effectuer ces tâches à sa place ou fournir une compensation financière pour rétablir l'équilibre, comme les plateaux d'une balance.

Par le biais de l'interprétation ésotérique (*sod*), le *maskil* révèle la dimension supérieure de ce verset en reconnaissant que l'herméneutique implique l'harmonisation de l'œil d'en bas (en-dessous, *tahath*), dans *Ôlam haZéh*, avec l'œil d'en haut, dans *Ôlam haBa*. De même, pour les expressions « *dent sous dent* », « *main sous*

---

[117] Exode 21:24.

main » et « *pied sous pied* ». L'individu dans *Ôlam haZéh* doit s'efforcer d'aligner chacun de ses membres avec leurs correspondances supérieures, telles qu'elles sont exprimées dans le corps lumineux d'*Adam Qadmon*. Ceci est semblable à ce que nous avons observé dans le Monde des Sens.

Abraham Aboulâfia ajoute alors que l'ensemble de ces connexions accomplit la *dveqouth* et élève le *maskil* au rang de prophète. Il souligne que la *guimatria* 1068 de *âyin taḥath âyin* [עַיִן תַּחַת עַיִן] est identique à celle de *Kabbalah haélohith hanevouith* [קַבָּלָה הָאֱלוֹהִית הַנְּבוּאִית] : Kabbale divine prophétique.

Grâce à cette compréhension, l'humain peut transcender sa propre condition en appréhendant la causalité et les lois naturelles qui régissent les liens entre *Ôlam haZéh* et *Ôlam haBa*. En suivant cette ligne de pensée, les trois premiers niveaux du *Pardès* représentent une compréhension ancrée dans la connaissance empirique et les lois naturelles, tandis que le quatrième niveau, réservé en *Ôlam haBa*, offre l'accès à une vérité plus profonde et à une compréhension métaphysique de la Réalité. La Sagesse, la Connaissance et la Compréhension, reflétant les trois *sefiroth* supérieures, permettent à l'individu d'accéder à cette dimension supérieure et de dépasser les limites de sa condition humaine.

LE GRAND SHABBATH

Ôlam haZéh est, en quelque sorte, le vestibule d'*Ôlam haBa*, c'est ainsi que les maîtres de la Kabbale le lient au temps du *Shabbath*. Ce moment privilégié de sainteté reflète une dimension beaucoup plus vaste en *Ôlam haBa*, un *Shabbath hagadol* [שַׁבָּת הַגָּדוֹל] (Grand *Shabbath*) dans la transcendance, qui offre aux âmes les délices d'un grand Jubilé. À ce titre, *Ôlam haZéh* est alors un *Shabbath haqatan* [שַׁבָּת הַקָטָן] (petit *shabbath*), dont le rôle est essentiel pour que l'âme adhère à la Vie du Monde-à-Venir (*Ḥayyé haÔlam haBa*).

Le grand et le petit *Shabbath* sont séparés par sept niveaux. Selon les expériences mystiques, il s'agit de 7 cieux ou de 7 palais. Dans la mystique, le septième ciel est celui désigné par le nom *Âravoth* [עֲרָבוֹת], ou *Raqiâ Âravoth* [רְקִיעַ עֲרָבוֹת]. Le nom *âravoth* évoque la sérénité du crépuscule, un moment d'extase et d'enchantement où l'âme se délecte des plaisirs du *Gan Êdén*, son Grand Jubilé. Car c'est uniquement à travers l'extase de l'*ônég shabbath* (délectation du *shabbath*) que la connexion entre les deux mondes devient possible. Cette connexion représente le *tiqoun* de l'âme, la véritable *dveqouth*.

Les sept niveaux peuvent également être interprétés comme les sept *sefiroth* de *Binah* à *Malkouth*. La connexion de 7 x 7 *sefiroth* équivaut à 49, comme on le compte lors de la *sefirath haÔmér*. Ajoutons un de plus, et voilà la cinquantième Porte de *Binah*, marquant le grand *Yovél* (Jubilé) et le Grand *Shabbath*.

Joseph Gikatilla évoque et explique cela :

Il te faut maintenant réaliser et croire que le *Shabbath* est la fontaine de tout bien et la source de toutes les émanations pour le Nom *Adonaï* et pour Israël lorsqu'il est attaché à cet attribut [*Yovél*]. C'est par le *Shabbath* que l'humain accède à la Vie du *Ôlam haBa*, qui est le secret de *Yovél*. Nous avons déjà mentionné qu'*Ôlam haBa* s'appelle *Shabbath haGadol* (*Grand Shabbath*), qui est le septième [niveau] vers le haut. Tandis qu'*Él Ḥaï* est l'essence de *Shabbath*, qui est le septième [niveau] vers le bas. C'est à partir d'*Ôlam haBa* que le *Shabbath* distribue toutes les émanations, le grand bien, la vie et la rédemption. C'est pourquoi, tu dois ouvrir tes yeux et regarder comment on doit observer le *Shabbath*, si tu aspires à accéder à la vie, à la rédemption et mériter la Vie du *Ôlam haBa*. Notre *Shabbath* est semblable à une maison servant de vestibule à la grande salle de la vie d'*Ôlam haBa*, appelé *Shabbath haGadol*. On doit se préparer dans le vestibule avant de pénétrer dans la salle. Pour comprendre cela, il est dit : « *si tu fais du Shabbath un Onég (délice, ravissement) …*[118] »

Cette élévation mystique à travers les degrés ne peut être réalisée qu'avec la *kavanath ha-lév* (intention du cœur). L'adepte en quête de libération spirituelle et de réintégration divine doit élever sa *kavanah* de degré en degré, afin d'atteindre *Ôlam haBa*, jusqu'au lieu de la *Dveqouth*, de l'extase à travers le Baiser mystique. Cette *Kavanah* est un point d'harmonie et de vérité entre toutes choses créées : entre les paroles et les actes, le corps et l'esprit, l'esprit et l'âme, etc.

La *néfésh* (âme) de tout homme digne d'accéder au *Ôlam haBa* rejoint toutes les âmes, car leur essence est identique. Elle connaît l'Intellect-agent en elle, la Conscience qui est la cause première de son existence[119].

L'ascension dépend de *Malkouth*, la *sefirah* la plus basse et la plus fondamentale, sur laquelle tout s'appuie. Par conséquent, chaque acte, chaque prière, chaque pensée en *Ôlam haZéh* influe directement sur la libération et l'extase de la Vie en *Ôlam haBa* :

Sache qu'il viendra un temps où les Justes s'élèveront jusqu'à prendre part en *Binah*, qui est le secret d'*Ôlam haBa*, se libérant ainsi. Ils seront délivrés de nombreuses forces et de fléaux destructeurs, dont le mystère est : « *qui rachète ta vie*

---

[118] Shaâréi Orah – Joseph Gikatilla – Porte II, sefirah 9.
[119] Abraham Aboulâfia – *Ḥayyé haÔlam haBa*.

de la destruction…[120] ». C'est en vertu de cet attribut et de cette promesse que nous serons accueillis en *Ôlam haBa*.[121]

MONDE NOIR SUR MONDE BLANC

Dans les mystères de la *Torah*, le *Ôlam haBa* est symbolisé par le Feu blanc autour des lettres de Feu noir, symbole du *Ôlam haZéh*. C'est pourquoi, les kabbalistes considèrent la *Torah* comme la racine de la Vie du Monde-à-Venir.

Ôlam haZéh et *Ôlam haBa* sont deux dimensions qui se complètent, l'une immanente et matérielle, l'autre transcendante et spirituelle. Cette conception évoque une dualité fondamentale dans l'expérience humaine, où chaque monde possède sa propre nature et sa propre influence sur notre existence.

Ôlam haZéh, immanent et matériel, est allégoriquement comparé à l'encre noire sur une feuille blanche. Cette encre noire représente le monde physique, le monde des objets matériels, des formes et des corps. Tout comme l'encre sèche progressivement pour se figer, ce monde est caractérisé par la temporalité et la finitude. Les choses naissent, évoluent, puis disparaissent. Dans ce monde, l'esprit humain semble exilé, enfermé dans la prison du corps et de la matière. Il est soumis à la servitude des mots, des concepts matériels, des croyances et des idéologies qui sont formés par les lettres assemblées. Ces structures conceptuelles créent des limitations et des contraintes auxquelles l'esprit est obligé de se conformer.

---

[120] Psaumes 103 :4.
[121] Shaâréi Orah – Joseph Gikatilla – Porte VIII, sefirah 3.

Cependant, il y a une échappatoire à cette condition. C'est là qu'interviennent les voyelles, qui sont associées au souffle de la vie, à la *Rouaħ*. Les voyelles font chanter les mots et les lettres, vivifiant ainsi l'esprit qui prend conscience de sa propre nature spirituelle. C'est comme si l'esprit était réveillé par un Baiser mystique déposé des hauteurs de la transcendance, tel un noyé qui reprend conscience à la suite d'un bouche à bouche.

Ôlam baBa, transcendant et spirituel, peut être allégoriquement associé à la feuille blanche. Cette feuille blanche symbolise l'Infini, la transcendance, et la liberté totale de toute limite ou contrainte. C'est le Feu blanc. Les espaces blancs entre les lettres et les mots sur la feuille représentent ces espaces infinis, où les croyances qui emprisonnent les âmes dans le Feu noir de la matière sont libérées. C'est un monde sans frontière, où l'esprit est en communion avec l'Infini, la Splendeur de la transcendance.

Dans cette perspective, *Ôlam haZéh* est le domaine de la limitation, de la forme et de la finitude, tandis que *Ôlam haBa* est le royaume de l'Infini, de la liberté, de la conscience éveillée. Ces deux mondes coexistent et se complètent mutuellement, l'humain peut s'élever de la servitude des mots et des concepts matériels vers la liberté de l'esprit et de la transcendance, par le pouvoir des voyelles et du souffle mystique. C'est une invitation à transcender les limitations de la condition humaine pour atteindre un état de conscience plus élevé et de réalisation spirituelle.

Ôlam ha-Ba, le Monde à venir, est un concept propre à la mystique juive, Maïmonide y voit un équivalent du *Gan Édén*, le Jardin d'Éden, peuplé d'âmes libres de toute corporéité. En revanche, Naħmanide utilise plutôt ce terme pour désigner l'ère de la résurrection des morts, lorsque l'âme occupera à nouveau un corps, sans risque d'y voir sa lumière altérée.

« Ôlam haBa est comme un diamant, qui brille de mille feux. C'est un lieu de beauté et de perfection, où nous pouvons trouver la Paix et la Joie[122]. »

---

[122] Samson Raphael Hirsch.

CONCLUSION

Ce livre ne se contente pas de tracer un itinéraire à travers les labyrinthes de la cosmologie mystique ; il invite à embrasser pleinement la quête de Sagesse, à la croisée des chemins entre connaissance et transcendance.

La Kabbale, avec ses mondes intriqués et ses sentiers lumineux, ne se révèle pas seulement comme un corpus d'enseignements ésotériques ; elle se présente comme un miroir de l'âme, reflétant les aspirations les plus profondes et les questionnements les plus intimes. À travers la découverte des *sefiroth* et l'exploration des quatre mondes, nous apprenons que chaque étape de notre vie, chaque épreuve et chaque joie, est une note dans l'Harmonie de l'éternité, une étincelle de lumière dans le vaste cosmos de l'existence.

Les enseignements kabbalistiques nous enseignent que la Sagesse n'est pas une destination, mais un chemin. Un chemin pavé d'interrogations, d'émerveillement, et d'une quête incessante de connexion avec la transcendance. La cosmologie mystique de la Kabbale s'offre comme une carte, guidant notre parcours à travers les territoires inconnus de notre être, nous incitant à reconnaître et à embrasser l'Infinie Lumière qui réside en chacun de nous.

Nous sommes invités à considérer que chaque acte de compréhension, chaque moment de contemplation, est un pas vers la réparation du monde (*Tiqoun Olam*), une contribution à l'Harmonie des sphères. Cette exploration ne fait pas que parcourir un texte ; elle engage l'âme dans un dialogue avec l'Infini, une musique céleste.

Ainsi, armés de Sagesse et guidés par la lumière de la cosmologie mystique, le kabbaliste avance avec courage et humilité sur le chemin de la découverte spirituelle, ouverts aux mystères insondables de la vie et à l'Amour infini qui unit toutes choses.

BIBLIOGRAPHIE DE L'AUTEUR

- *Spiritualité de la Kabbale*, 1986 (épuisé).
- *Kabbale et destinée*, 1986/1994 (épuisé).
- *Lumières sur la Kabbale*, 1989 (épuisé).
- *Kabbale extatique et Tsérouf : Techniques de méditation des anciens kabbalistes*, 1993.
- *Vie mystique et Kabbale pratique : Angéologie et pratiques théurgico-magiques dans le Shiour Qomah, la Merkavah et la Kabbalah Maâssith*, 1994.
- *Le Séfer Yetsirah : Le Livre kabbalistique de la Formation*, 1995.
- *Le Grand-Œuvre de Jonas : Traduction du Séfer Yonah commentée à la lumière de la Kabbale et de l'Alchimie*, 1996.
- *L'Alphabet hébreu et ses symboles : Les 22 Arcanes de la Kabbale*, 1997.
- *La Voix du corps : Introduction à la Bioherméneutique, Sagesse thérapeutique des kabbalistes*, 2002.
- *Paroles de nombres : Méthode simple et pratique de décodage des mots et des noms par leurs équivalences numériques*, 2003.
- *Abécédaire du Langage des Animaux - Symboles, messages et influences*, 2004.
- *Dictionnaire encyclopédique de la Kabbale : Kabbale, kabbalistes, livres et terminologie*, 2005.
- *Les mystères de la dent, en collaboration avec Gérard Athias*, 2009.
- *La Voix des maux : Les messages des maladies dévoilés par leurs racines hébraïques*, 2010.
- *Le Trône de Joie : Vers la Présence et la réintégration de la Joie sans Cause*, 2015.
- *Kabbale et couleurs : Les mystères des nuances de la Lumière*, 2016.
- *Le coffret ABC des Lettres hébraïques - Le livre + les 22 cartes d'Othioth*, 2017.
- *Aboulâfia – La Quête du kabbaliste, Roman biographique*, 2019.
- *La kabbale à la lettre - Épistoles 2013 à 2019*.
- *Racines hébraïques usuelles : Morphèmes bilitères et trilitères de l'hébreu*, 2020.
- *Dictionnaire de Guimatria : Valeurs numériques des termes hébraïques en usage dans la Kabbale et la spiritualité*, 2020.
- *Guélyana, l'Apocalypse dévoilée : Le Livre de l'Apocalypse à la lumière de ses sources araméennes*, 2021.
- *La Kabbale à la lettre, épistoles de 2020 à 2021*.
- *Le Verger des paraboles – Tome I*, 2023.
- *Les sefiroth, symboles et attributs*, 2023.
- *Les 72 noms du Nom : Les mystères du Shém haMeforash*, 2023.
- *Conversations sefirotiques*, 2023.
- *Éclats d'Infini*, 2023.
- *Éclats de Silence*, 2023.
- *Le Kabbaliste et l'Orchidée*, 2024.
- *Les Mondes de la Kabbale*, 2024.

TRADUCTIONS DE L'HÉBREU EFFECTUÉES PAR GEORGES LAHY

- *Les Portes de la lumières, Shaâréi Orah, Joseph Gikatilla*, 2003.
- *Le livre des paraboles, Séfér hamashlim, Joseph Gikatilla*, 2022.
- *Ésh metsaréf, le feu de l'alchimiste – Traduction et annotations*, 2006.
- *Les Assemblées initiatiques du Zohar – Traductions et annotations*, 2006.
- *Le Livre du Signe, Séfer haOth*, Abraham Aboulâfia, *2007*.
- *La Lampe divine, Nér Élohim*, Abraham Aboulâfia, *2008*.
- *Divorce des Noms, Guét ha-shémoth*, Abraham Aboulâfia, *2009*.
- *Vie du Monde à venir, Ḥayyé haÔlam haBa*, Abraham Aboulâfia, *2019*.
- *Le Livre du Désir, Séfér haḤéshék*, Abraham Aboulâfia, *2023*.
- *Le Jardin clos, Gan Naoûl*, Abraham Aboulâfia, *2024*.
- *Épîtres pour Abraham et Judah – Shevâ netivoth haTorah & VeZoth LiYehoudah*, Abraham Aboulâfia, *2024*.
- *Textes de la Kabbale provençale médiévale : Le Livre de la Contemplation et le Livre de la Source de Sagesse*, 2019.
- *Péréq Shirah : Ode à la Création*, 2019.
- *Les Portes de la Justice : Shaâréi Tséddéq*, Nathan ben Saâdiah Harrar, *2021*.

TRADUCTIONS DES LIVRES DE GEORGES LAHY

Anglais

- *The Work of Jonah: The Book of Jonah according to Kabbalah*, 2020.
- *Abulafia – The Kabbalist's Quest*, 2023.

Italien

- *Sepher Yetzirah. Il libro della formazione*, 2006.
- *L'alfabeto ebraico. I ventidue arcani della qabalah*, 2008.
- *La voce del corpo, la saggezza terapeutica dei cabbalisti*, 2009.
- *Qabalah estatica e Tseruf*, 2012.
- *Il trono della gioia*, 2017.
- *Esh Metsaref. Il fuoco dell'alchimista*, 2014.
- *Abulafia : La ricerca del cabalista*, 2019.
- *Vita mistica e Cabala pratica: Angelologia e pratiche teurgico-magiche nel Shi'ur Qomah, nella Merkavah e nella Qabalah Maassith*, 2020.
- *Le radici delle malattie: I messaggi delle malattie rivelati dalle loro radici ebraiche*, 2020.

Espagnol

- *Los 22 Arcanos de la Kabbalah : Los Símbolos de las Letras Hebreas*, 2006.
- *Kabbalah Extática y Tseruf : Técnicas de meditacion de los antiguos cabalistas*, 2011.
- *La Vos del cuerpo*, 2009.

www.ingramcontent.com/pod-product-compliance
Lightning Source LLC
LaVergne TN
LVHW091715190726
843493LV00001B/309